Collection dirigée par

Giovanni Bogliolo

*Doyen de la Faculté
de Langues et Littératures Étrangères*

Université d'Urbino

Maupassant par Nadar.

Maupassant

Sur l'eau

et autres récits contés

Textes choisis, présentés, annotés et analysés par
Carmen Licari
Professeur à l'Université de Bologne

© 1997 Cideb Editrice, Genova

Rédaction : Marie-Claude Chastant

Première édition : Octobre 1997

10 9 8 7 6 5 4 3 2 1

ISBN 88-7754-259 4

Imprimé en Italie par
Istituto Grafico Bertello, Borgo San Dalmazzo (CN)

En Normandie.

Rouen au XIXe siècle.

INTRODUCTION

Maupassant conteur :
faits divers et air du temps

> *Le récit commence avec l'histoire même de l'humanité ; il n'y a pas, il n'y a jamais eu nulle part aucun peuple sans récit ; toutes les classes, tous les groupes humains ont leurs récits, et bien souvent ces récits sont goûtés en commun par des hommes de culture différente, voire opposée : le récit se moque de la bonne et de la mauvaise littérature : international, transhistorique, transculturel, le récit est là, comme la vie.*

> Roland Barthes [1]

La nouvelle

La nouvelle a longtemps été considérée comme une forme mineure, éphémère, voire imparfaite par rapport au roman. Ainsi est-il rare que les histoires de la littérature réservent une place quelconque à son évolution, rare qu'elles reconnaissent au récit bref la dignité d'un genre narratif spécifique. À peine lui accorde-t-on, la plupart du temps, le statut de sous-genre.

Pourtant, pour nous borner au XIXᵉ siècle français, la nouvelle n'a pas cessé de foisonner, dans la production des romantiques comme dans celle des réalistes et des naturalistes, de Hugo à Flaubert, de Balzac à Zola, en passant par les grands conteurs fantastiques que sont Nodier, Nerval ou Gautier, et jusqu'aux narrateurs du surnaturel, tels que Barbey d'Aurevilly, Villiers de l'Isle-Adam et Léon Bloy. Traditionnellement diffusée d'abord dans les périodiques (quotidiens ou revues), la nouvelle est de façon générale plus appréciée par le lecteur occasionnel que par l'éditeur, qui souvent hésite à s'engager dans la confection de recueils de récits courts, soupçonnés d'être destinés à se vendre mal [2].

C'est à Baudelaire traducteur d'Edgar Allan Poe [3] – au poète dont l'œuvre a apporté à la littérature, autant que le roman de Flaubert, une esthétique nouvelle – que l'on doit une remarquable défense de la nouvelle comme genre autonome. Aux yeux de l'auteur des *Fleurs du mal* et des *Petits poèmes en prose,*

> <la nouvelle> a sur le roman à vastes proportions cet immense avantage que sa brièveté ajoute à l'intensité de l'effet. Cette lecture, qui peut être accomplie tout d'une haleine, laisse dans l'esprit un souvenir bien plus puissant qu'une lecture brisée, interrompue souvent par les tracas des affaires et le soin des intérêts mondains. L'unité d'impression, la totalité d'effet est un avantage immense qui peut donner à ce genre de composition une supériorité tout à fait particulière, à ce point qu'une nouvelle trop courte (c'est sans doute un défaut) vaut encore mieux qu'une nouvelle trop longue [4].

Cette surprenante définition du récit bref, extrêmement attentive en premier lieu à l'activité de la lecture, à la propriété de ses temps, à la qualité de ses effets, se poursuit avec ces réflexions sur l'art de la composition du nouvelliste:

L'artiste, s'il est habile, n'accommodera pas ses pensées aux incidents, mais, ayant conçu délibérément, à loisir, un effet à produire, inventera les incidents, combinera les événements les plus propres à amener l'effet voulu. Si la première phrase n'est pas écrite en vue de préparer cette impression finale, l'œuvre est manquée dès le début. Dans la composition tout entière il ne doit pas se glisser un seul mot qui ne soit une intention, qui ne tende, directement ou indirectement, à parfaire le dessein prémédité [5].

Loin d'être l'expression fortuite d'une impression ou le compte rendu éphémère de quelque événement, la nouvelle de Poe – mais aussi, ajoutons-nous, la nouvelle en général quand elle parvient à mobiliser toute l'attention du lecteur, et en particulier le récit conté tel que l'a conçu Maupassant – est donc le fruit d'un projet rigoureux, où le moindre détail est soigneusement aménagé depuis le premier jusqu'au dernier mot; où, en d'autres termes, tout le long du texte,

Le style est serré, concaténé ; la mauvaise volonté du lecteur ou sa paresse ne pourront pas passer à travers les mailles de ce réseau tressé par la logique. Toutes les idées, comme des flèches obéissantes, volent au même but [6].

Et, toutes proportions gardées quant à leurs cultures et à leurs tempéraments respectifs, on peut aisément appliquer à Maupassant conteur cette constatation de Baudelaire à propos de la «méthode de narration» de Poe : « Il abuse du *je* avec une cynique monotonie » [7].

Les récits contés

Bien souvent, chez Maupassant, ce choix stylistique comporte la présence d'un cadre [8], préambule dont la fonction est de situer dans l'espace et dans le temps (dans un *là-bas* et dans un *alors* actualisés par la lecture) le personnage qui va prendre la parole (le narrateur) face à un ou à plusieurs « auditeurs » qui serviront de relais pour que sa voix nous parvienne. La situation d'écoute qui se crée ainsi confère au récit à la première personne les caractéristiques de l'oralité, d'un discours en train de se dire, saisi dans toute sa vitalité, comme enregistré pour être réécouté.

L'explicitation des circonstances de la prise de parole « authentifie » la voix du conteur, qui ne parvient qu'indirectement au lecteur : « lecteur indiscret » [9] en quelque sorte, puisque dans la fiction du récit encadré, tout comme d'ailleurs dans celle de la forme épistolaire également exploitée par Maupassant nouvelliste, ce récit serait à l'origine adressé à quelqu'un d'autre. Le récit à cadre se présente donc comme un récit détourné, ce qui peut renforcer considérablement l'intérêt du lecteur; l'illusion [10] de l'écoute est étayée par le plaisir de l'« infraction » commise en nous emparant d'une histoire qui ne nous serait pas destinée. L'auditoire qui délimite la scène sur laquelle le narrateur montrera et interprétera les autres personnages du conte constitue le premier cercle de spectateurs, intérieur au récit, occupant la place qui sera celle du lecteur.

Cet effet de distanciation et, tout compte fait, de théâtralisation du cadre appartient bien à la forme classique du récit conté, celle qu'instaurèrent les *Contes des mille et une nuits* aussi bien que le *Décameron* de Boccace, pour ne citer que deux recueils connus universellement. Mais s'il est évident que Maupassant s'inscrit pleinement dans cette grande et riche tradition, il est indéniable que la variété et l'efficacité des modalités de présentation qu'il met au point pour ses nouvelles (plus de trois cents en seulement une dizaine d'années) contribuent à l'apparition d'un art nouveau du conte.

Conte ou nouvelle ? Cette distinction, selon laquelle en gros la notion de conte renvoie à l'imaginaire et celle de nouvelle à la réalité de la vie quotidienne, distinction fondamentale pour l'historiographie du récit bref, n'a plus guère d'importance chez Maupassant. Comme le souligne René Godenne : « Le XIXe siècle privilégie à coup sûr le terme de " conte " ; il ne l'envisage pas pour autant comme un terme qui s'opposerait à " nouvelle ". Les deux mots ne s'excluent pas dans l'esprit des auteurs » [11].

C'est que désormais, au cœur du réalisme et du naturalisme, et chez Maupassant en particulier, les frontières entre explicable et inexplicable tendent à s'estomper, ces frontières indécidables constituant elles-mêmes un des terrains les plus fertiles, un des lieux privilégiés du récit bref. L'abus du *je*, de Poe à Maupassant, l'usage multiplié et différencié de la première personne, en dernière analyse la variation du point de vue, aboutissent à l'affirmation d'une forme, le *récit conté* :

> La majorité des nouvelles du XIXe siècle sont des textes contés, c'est-à-dire que les auteurs laissent une place importante à la parole d'un narrateur, conservant et restituant le ton de ce qui est parlé (il en est ainsi, par exemple, pour cent cinquante histoires de Maupassant, soit la moitié de sa production). L'intention est presque toujours annoncée dans les premières pages des récits par la présence des verbes « conter » ou « raconter » (ils se lisent cinquante et une fois chez Maupassant) ». [12]

Et souvent chez Maupassant le récit est demandé – c'est-à-dire destiné à être écouté attentivement – comme nous l'avons fait tant de fois dans notre enfance (« raconte-moi une histoire »), comme tant de fois ensuite nous le faisons dans la vie de tous les jours (« alors raconte »..., « et puis ? »...) : « Un soir que nous nous promenions au bord de la Seine, je lui demandai de me raconter quelques anecdotes de la vie nautique ». (*Sur l'eau*, p. 3) ; « Toutes les bouches demandèrent presque ensemble : " Racontez " » (*Les Tombales*, p. 181).

Les récits écoutés

Présenté tantôt comme une confidence, tantôt comme une séquence extraite d'une conversation de table, de salon ou de voyage, le récit bref de Maupassant, se fondant la plupart du temps sur un pacte plus ou moins explicité entre narrateur et destinataire(s), s'inscrit dans les normes et rituels de l'échange verbal quotidien qui appartient à l'expérience commune. D'où, sans doute, son charme et son succès auprès des lecteurs, non seulement français.

La multiplicité des sujets traités, des atmosphères créées et des tons employés, la variété des milieux observés et des personnages mis en scène – à quoi s'ajoutent l'art de la mise en mouvement et de la clôture (*incipit* et chute), la netteté de la composition, la force du rythme, la concision des descriptions – sont autant de qualités qui caractérisent la production de Maupassant conteur. Il en est une autre, peut-être moins évidente, plus diffuse et pour cela même plus difficile à cerner, mais à coup sûr fondamentale, puisqu'elle touche à la structure profonde du récit, dans le rapport qui s'établit du lecteur au texte : c'est cette *illusion du parlé* que tend à nous communiquer son récit bref ; naturellement quand il est conté, mais aussi, partout ailleurs, à travers l'usage du dialogue et, çà et là, à travers celui du dialogue particulier qu'est la forme épistolaire, texte hybride, écrit pour être mentalement écouté.

Car la nouvelle s'écoute, et dans celle de Maupassant la présence active d'un fond sonore n'est pas rare, dont l'évolution, dans la projection de l'espace et du temps, va de pair avec celle de l'intrigue. Des bruits, insolites ou familiers, des silences plus ou moins lourds aiguisent l'attention du lecteur. Bornons-nous ici à quelques exemples tirés du présent recueil. Ainsi dans *Sur l'eau* : « Le fleuve était parfaitement tranquille, mais je me sentis ému par le silence extraordinaire qui m'entourait » (p. 8) ; « Soudain, un petit coup sonna contre mon bordage » (p. 10) ; « Je me mis à crier de toutes mes forces en me tournant successivement vers les quatre points de l'horizon. Lorsque mon gosier fut absolument paralysé, j'écoutai. – Un chien hurlait, très loin » (p. 12).

L'ouïe, la vue, l'odorat : comme bien des fois dans les descriptions de Maupassant, les trois sens confluent dans cette évocation du début de *La Veillée* : « Une pendule cachée jetait dans l'ombre son petit bruit régulier ; et par la fenêtre ouverte les molles odeurs des foins et des bois pénétraient avec une languissante clarté de lune. Aucun son dans la campagne que les notes volantes des crapauds et parfois un ronflement d'insecte nocturne entrant comme une balle et heurtant un mur » (p. 36) ; plus loin, dans le même conte, un bruit sec, indirectement évoqué, condamnera la mère morte dans ce simple geste du fils : « puis il ferma les rideaux du lit » (p. 40).

Des sons, inquiétants ou effroyables, ponctuent le déroulement de *La Peur* : « Quelque part, près de nous, dans une direction indéterminée, un tambour battait, le mystérieux tambour des dunes » (p. 50); et dans le deuxième épisode de la même nouvelle : « Alors un bruit formidable éclata dans la cuisine. Le vieux garde avait tiré » (p. 57). Un mouvement, un bruit soudain surprend dans le train l'héroïne de *En voyage* : « Mais tout à coup un souffle d'air froid lui frappa le visage. Surprise, elle leva la tête. La portière venait de s'ouvrir » (p. 84).

Un tout petit bruit, juste un clapotis, anime ce beau portrait impressionniste d'Angèle dans *La Question du latin* : « Elle laissait traîner sa main dans le courant, effleurant l'eau de ses doigts, qui soulevaient un mince filet transparent, pareil à une lame de verre. Cela faisait un bruit léger, un gentil clapot, le long du canot » (p. 141).

L'absence totale de sons domine une des séquences de *La Nuit* : « Les Halles étaient désertes, sans un bruit, sans un mouvement, sans une voiture, sans une botte de légumes ou de fleurs » (p. 159). Et le plus parfait des silences, mêlé de moindres signes diversement déchiffrables, clôt la dernière scène des *Tombales* : « Elle me vit, rougit, et, comme je la frôlais en la croisant, elle me fit un tout petit signe, un tout petit coup d'œil qui signifiaient: " Ne me reconnaissez pas ", mais qui semblaient dire aussi : " Revenez me voir, mon chéri " » (p. 192). Ce qui, par le biais du non verbal, nous reconduit à la dimension dialogique, si chère à Maupassant conteur, avec sa dynamique, ses stratégies et ses implicites.

Dans une lettre datée 26-27 mai 1853, Gustave Flaubert écrivait à Louise Colet : « À force quelquefois de regarder un caillou, un animal, un tableau, je me suis senti y entrer. Les communications entre humains ne sont pas plus intenses ». [13] On sait toute l'importance que la leçon de Flaubert eut pour Maupassant, et combien il resta fidèle à son enseignement, tout particulièrement en ce qui concerne le culte de la description, qui fait du maître et du disciple deux grands précurseurs de l'*École du regard* [14]. Toutefois dans le récit bref le regard ne peut s'attarder très longtemps. Chez Maupassant conteur, tableaux, scènes et portraits, la plupart du temps rapidement esquissés, alternent dans une succession dont le rythme, tantôt ralenti tantôt accéléré selon les effets à produire, mais toujours nécessairement resserré, est dicté par le narrateur : dans le récit conté, explicitement, c'est la voix d'un *je*, souvent anonyme, qui bat la mesure; et l'impression dominante qu'en garde le lecteur dans son imaginaire est bien celle de l'écoute directe.

À l'écran

> De tous les écrivains célèbres, Maupassant est certainement celui qui a été le plus souvent adapté à l'écran : bien plus que Zola, par exemple, ou même que Hugo, en dépit des innombrables versions des *Misérables*. À peine le cinéma ambitionne-t-il d'être autre chose que curiosité ou spectacle de foire qu'il s'intéresse à lui; à peine la télévision est-elle née que c'est vers lui encore qu'elle se tourne pour nourrir sa création dramatique. Et il s'en faut que le phénomène soit exclusivement français : on a adapté Maupassant dans la Russie tsariste aussi bien qu'à Hollywood et dans le cinéma allemand de l'époque nazie comme dans les premiers studios américains de télévision, immédiatement après la fin de la deuxième guerre mondiale [...]. Que le cinéma, puis la télévision, se soient si continûment intéressés à cet écrivain ne peut être le fait du hasard. [15]

Ce qui peut expliquer le succès de Maupassant à l'écran, bien plus que l'intérêt des sujets traités, c'est sans doute son style, un style fortement marqué – nous venons de le voir – par l'appel à l'imaginaire auditif du lecteur, que l'auteur excelle à conjuguer avec la précision et la rapidité de l'image; c'est, en d'autres termes, sa technique du découpage et du montage du récit, ancrée sur la composition de brèves séquences audiovisuelles très précisément agencées. Ainsi Claude Santelli, le metteur en scène qui a réalisé pour la télévision française une longue série de films à partir des nouvelles de Maupassant [16], a-t-il pu affirmer :

> Maupassant, je l'ai dit très souvent, mais il faut le répéter, est un formidable scénariste. C'est un homme qui écrit bref, et cela de toutes les manières. C'est-à-dire que l'on détecte immédiatement un possible sujet de scénario dans quasi chacune de ses nouvelles, un germe de scénario. Il faut ensuite travailler à la loupe parce que ce germe, il semble qu'il ait voulu le rétrécir, le condenser au maximum. Maupassant donne une sorte de coup de poing sur la table et, autour, il faut aller chercher ensuite les échos multiples de ce coup de poing : dans une société, dans un paysage, dans un paysage social en particulier. [17]

La filmographie, très détaillée, des adaptations des œuvres de Maupassant établie récemment par Jean-Marie Dizol, permet de constater que « l'écran a visiblement privilégié les contes et nouvelles : cent onze adaptations au total, réalisées à partir de soixante deux récits – Maupassant devenant ainsi le seul auteur dont on ait adapté autant d'œuvres différentes – contre quatorze films seulement réalisés à partir des romans ». [18]

Signalons, parmi les cinéastes qui ont transposé des œuvres de Maupassant : David W. Griffith (*The Necklace*, USA, 1909, tiré de *La Parure*) ; Jean Renoir (*Une partie de campagne*, France, 1936) ; John Ford (*Stagecoach*, USA, 1939, inspiré de *Boule de suif*) ; André Cayatte (*Pierre et Jean*, France, 1943); Christian Jaque (*Boule de suif*, France, 1945) ; Luis Buñuel (*Una mujer sin amor*, Mexique, 1951, inspiré de *Pierre et Jean*) ; Max Ophüls (*Le Plaisir*, France, 1952, tiré de trois nouvelles : *Le Masque*, *La Maison Tellier* et *Le Modèle*) ; Eduardo De Filippo (*Marito e moglie*, Italie, 1952, inspiré de *Toine*) ; Jean-Luc Godard (*Une femme coquette*, France, 1955, inspiré de *Le Signe*) et, dans *Masculin-Féminin* (France-Suède, 1966) des transpositions de *Le Signe* et de *La Femme de Paul* ; Alexandre Astruc (*Une vie*, France, 1957) ; Luchino Visconti (*Il lavoro*, transposition de *Au bord du lit*, dans *Boccaccio 70*, Italie, 1962) ; Claude Autant-Lara (sketch tiré de *La Bête à Maît' Belhomme* et de *Le Diable*, dans *Humour noir*, Italie-France, 1965).

Pour l'adaptation télévisuelle des contes et nouvelles, sont à signaler des séries de Carlo Rim (1963) et de Claude Santelli (à partir de 1973). Pour ce qui est de la transposition des romans au petit écran en France : S. Moati (*Mont-Oriol*, 1980), P. Cardinal (*Bel-Ami*, 1982) et G. Chouchan (*Fort comme la mort*, 1982). Le film de Marcel Carné, tiré de la nouvelle *Mouche*, serait resté inachevé à la mort (en octobre 1996) du metteur en scène.

Le non-montré, le non-dit, l'implicite occupent une place si importante chez Maupassant conteur que différents metteurs en scène ont pu tirer de ses récits brefs des œuvres de longueur très variable : courts métrages, films de durée moyenne ou longs métrages. Ce que le texte endigue en quelques pages est susceptible de se déployer différemment dans la transposition cinématographique, car « il y a dans une nouvelle de Maupassant quelque chose qu'il faut savoir voir : c'est un donné, l'intensité d'une vision qu'il nous faut chercher à travers un récit qui, lui, est volontairement bref, un récit où les pointillés sont partout ». [19]

La série télévisuelle de Carlo Rim signalée plus haut [20] est destinée en 1963 « à la grande audience du samedi » : il s'agit de treize adaptations de contes et nouvelles de Maupassant, « d'une durée uniforme d'une trentaine de minutes ». Ces films, « devenus du coup des sortes d'albums d'images sur les différents milieux décrits, ne pouvaient guère échapper, en dépit d'un penchant avoué pour l'humour, à une certaine monotonie ». [21]

Déjà de son vivant Maupassant fut soupçonné d'écriture sérielle, et il n'est pas rare qu'encore aujourd'hui on lui reproche, précisément, « une certaine monotonie ». Alors que Flaubert avait passé le plus clair de son temps à se réécrire pour ne confier aux presses que le dernier état, patiemment distillé, de ses innombrables variations, son disciple – voué lui aussi, mais différemment, à l'exercice de la réécriture – s'adonnera à une sorte d'autopillage systématique, reprenant thèmes et situations (notamment l'adultère, l'enfant illégitime et la prostitution), et faisant glisser des blocs entiers de matière narrative, parfois quasiment inchangés, d'une œuvre à l'autre, de la nouvelle au roman et, viceversa, du roman à la nouvelle. [22]

Il y a une dizaine d'années, lors d'un important colloque consacré à Maupassant nouvelliste, la pratique de la réécriture a été explorée dans plusieurs directions, y compris pour ce qui est de l'adaptation filmique, aspect qui vient de retenir notre attention. Le bilan de ces recherches a pu être résumé en ces quelques lignes :

> La réécriture est, dès les origines, au cœur de la nouvelle. Nouvelle ? Celle-ci ne l'est jamais tout à fait : paradoxe de la dénomination. Maupassant lui-même ne se lasse pas de réécrire Flaubert ou Tourgueniev, et de se réécrire soi-même pour être réécrit par James ou par Ophüls. La nouvelle est palimpseste, écriture au second degré, jeux de masques et de caches. [23]

Reste le fait que la très grande abondance de la production maupassantienne, suivie du foisonnement de la production filmique tirée de son œuvre, en un mot la popularité de notre auteur, ont éveillé bien des soupçons. Déjà en 1890, dans son compte rendu du dernier roman de Maupassant, *Notre cœur*, Rémy de Gourmont n'hésitait pas à affirmer : « Ah ! toutes les femmes de chambre voleront le livre à leurs maîtresses. En somme, c'est une bonne lecture pour le wagon, la plage, le yacht ». [24] Même virulence, presque un demi-siècle après, chez Louis-Ferdinand Céline répondant, en 1938 lors d'une enquête internationale sur Maupassant : « Quant au fond même, il est nul, comme tout ce qui est systématiquement " objectif ". Tout doit nous éloigner de Maupassant. La route qu'il suivait, comme tous les naturalistes, mène à la mécanique, aux usines Ford, au cinéma – Fausse Route ! ». [25] Sauf que Céline (bonnes ou fausses routes mises à part) ne croyait pas si bien dire à propos du destin de Maupassant à l'écran ! Alors que, au même moment et pour la même enquête, Georges Simenon, lui-même voué à la popularité, et de toute évidence guidé par quelque affinité élective, soutenait :

J'ai toujours professé, pour ma part, que Maupassant est victime, en France, d'une injustice, car on est loin de lui donner aujourd'hui la place qui devrait être la sienne et que les étrangers, surtout en Europe centrale et orientale, ne lui chicanent pas.

À une époque où la littérature s'encombrait presque toujours d'idéologies (Victor Hugo, Zola, etc... anticléricalisme, comtisme, scientisme...) et où les querelles d'écoles passaient au premier plan (style artiste des Goncourt, naturalisme, etc.), Maupassant m'apparaît comme le plus sincère et le plus direct, comme le plus inspiré, si je puis le dire, des écrivains français, comme celui qui s'est le moins laissé atteindre par les recherches et les attitudes à la mode. Je pense aussi qu'à un moment où l'homme de lettres n'était qu'un homme de lettres, il a été un des rares à vivre et à puiser dans la vie. (N'est-ce pas vers le même temps que Zola, avant d'écrire un chapitre réaliste, passait quelques heures dans une forge ou dans un atelier d'ébéniste et notait soigneusement le nom de chaque outil ?)

Maupassant, à mes yeux, se rapproche autant qu'il est possible de l'artiste pur. [26]

Frontispice des « Soirées de Médan », d'après
F. Desmoulins, Zola et ses disciples : J.-K. Huysmans,
Paul Alexis, Maupassant, Léon Hennique et Henry Céard.

Un marchand de prose

Maupassant quitte sa Normandie natale en 1869 pour entreprendre à Paris des études de droit qu'il ne terminera pas. Il a vingt ans quand éclate, l'année suivante, la guerre franco-prussienne. Mobilisé, il assiste aux horreurs de la guerre et de la débâcle, dont il se souviendra dans bien de ses contes. Dix ans après, c'est avec une longue nouvelle, *Boule de suif*, publiée dans le volume collectif *Les Soirées de Médan* [27], qu'il connaîtra son premier grand succès de conteur. Rappelons que pour ce recueil de nouvelles, qui peut

Maison de santé du Docteur Blanche à Passy.

être considéré comme le manifeste appliqué du naturalisme, les disciples de Zola s'étaient fixé un thème commun, précisément la guerre franco-prussienne.

Mais à ses débuts, Maupassant ne travaillait pas qu'au récit bref. Deux autres genres littéraires l'attiraient tout particulièrement : la poésie et le théâtre. Or il ne publiera qu'un recueil de poésie, *Des vers* (1880), et quelques poèmes dans des revues. Quant au théâtre, à quelques exceptions près, ses tentatives échouèrent. [28] Le destin de *La Paix du ménage* (1888), pièce qu'il tira de sa nouvelle *Au bord du lit* (1883), constitue un cas de réécriture fort éclairant, en ce qu'il reflète quelque chose de ce qui est en même temps la fortune et l'infortune de l'écrivain : reçue au Vaudeville où elle ne fut jamais jouée, [29] elle fut représentée pour la première fois, remaniée par Alexandre Dumas fils, à la Comédie-Française le 6 mars 1893, à l'insu de son auteur, désormais interné dans la clinique du docteur Blanche, et exactement quatre mois avant sa mort. Bien longtemps après, comme nous l'avons signalé plus haut, *Au bord du lit* revivra à l'écran, dans un sketch signé Luchino Visconti pour *Boccaccio 70* (1963).

Cet intérêt initial, et jamais abandonné, pour le théâtre, pour l'art du dialogue et de la mise en scène, Maupassant saura le faire fructifier dans son intense production narrative. À huit longues années d'emploi dans la grisaille des bureaux ministériels (1872-1880) succède une collaboration, elle aussi intense, de journaliste et chroniqueur : à divers périodiques, et notamment, de façon continue, à deux quotidiens parisiens : *Le Gaulois* et *Gil Blas*. C'est dans ces deux journaux qu'il publie la plupart de ses contes, empruntant souvent, surtout les premières années, différents pseudonymes. [30]

LA MAISON TELLIER, per Guy de Maupassant

Comme le fit jadis l'un des grands précurseurs du roman moderne, Daniel Defoe, [31] Maupassant sut admirablement conjuguer regard journalistique et vision romanesque. Les années 1880 sont pour lui une période d'activité prodigieuse ; en l'espace de dix ans, il publie des centaines de contes et de chroniques et cinq romans : *Une vie* (1883), *Bel-Ami* (1885), *Mont-Oriol* (1886), *Pierre et Jean* (1887), *Fort comme la mort* (1889) et *Notre cœur* (1890). [32] La forme courte qu'il a privilégiée doit beaucoup aux contraintes formelles imposées par la presse. Étroitement liée chez lui au goût pour les faits divers et la chronique, bref à l'éphémère de l'air du temps, cette forme doit donc beaucoup à l'actualité d'alors. Que reste-t-il, de tout cela ? Écoutons la réponse de Blaise Cendrars à l'enquête citée plus haut, lancée des États-Unis en 1938 :

> Maupassant est un de nos grands peintres de la société française et d'une époque qui nous paraissent, il est vrai, tellement défuntes aujourd'hui, avec leur décor au gaz, aux « tournures », barbes et moustaches ! N'empêche que c'est un grand écrivain – et que les historiens ne pourront se passer de son témoignage dans l'avenir.
>
> Il est aussi victime de sa forme, tout comme O'Henry [33] et ses «short stories» chez vous. [34]

Au cours de ces mêmes années 1880, l'ancien fonctionnaire côtoie à Paris plusieurs milieux littéraires et mondains. Mais ces fréquentations ne constituent pas l'essentiel de son existence. Deux passions principales continuent de l'animer : « le voyage et la navigation ». [35] Dans ses multiples pérégrinations, c'est surtout la Méditerranée qui l'attire : la Côte d'Azur, l'Italie, la Grèce, les Pays de l'Afrique du Nord. D'où cet autoportrait, tracé de Cannes : « Vous souvenez-vous de moi ? Il y avait à Paris, l'année dernière, un homme de trente-huit ans, avec l'air un peu lourd, un peu dur, d'un capitaine d'infanterie, grognon parfois. Cet homme, qui était tout simplement un marchand de prose, a disparu vers l'automne et on ne sait trop ce qu'il a fait ». [36]

Ce qu'il a fait, outre lutter contre la maladie qui progressait, c'est encore et toujours de la prose, y compris des récits de voyage auxquels il tenait tout particulièrement, mais auxquels il ne parviendra pas à donner la forme unitaire qu'il aurait souhaitée, celle d'un véritable journal « plein de pensées intimes ». [37]

Le « Bel-Ami », yacht de Maupassant.

D'alors à aujourd'hui

Maupassant meurt en 1893 à un peu moins de quarante-trois ans.

Il suffit de jeter un coup d'œil sur la vaste bibliographie maupassantienne pour constater que les critiques d'alors se sont plus facilement interrogés sur sa vie que sur son œuvre. Il s'agit certes d'une tendance générale de l'époque, mais qui a été alimentée dans son cas par la curiosité qu'ont suscitée sa maladie, ses excès (d'aventures et d'écritures, de canotage et de navigation), sa mort précoce; curiosité renforcée par des témoignages culminant dans toute une série de révélations de son valet de chambre. [38]

Ainsi, au début de notre siècle, Maupassant a-t-il été souvent étudié comme peintre de sa Normandie natale, des mœurs plus ou moins douteuses de son Paris d'adoption, et des mœurs plus ou moins exotiques des contrées visitées; plus souvent encore, comme cas clinique; et dans les meilleurs essais qui lui sont consacrés, comme disciple de Flaubert et élève de Zola. Or Maupassant (tout comme Flaubert) a toujours fui l'idée même d'une école, lui qui dès 1877 déclarait : « Il s'agit d'y voir autrement et de ne pas s'y murer [...]. Pourquoi se restreindre ? Le naturalisme est aussi limité que le fantastique... ». [39]

Plusieurs colloques se sont tenus pour le centenaire de sa mort et cette occasion a donné lieu à la publication de nombreuses études sur bien des aspects de son œuvre. [40] Mais, fort heureusement, il n'a pas fallu attendre cette célébration pour réparer l'injustice dont Maupassant aurait été victime en France dans l'entre-deux-guerres, injustice maintes fois dénoncée; parmi tant d'autres, comme nous l'avons vu plus haut, par l'un des grands maîtres du roman policier, Georges Simenon, et par le romancier Georges Duhamel, qui racontait en 1950 :

> Il y a vingt ans peut-être, lors d'une réunion du Pen Club, à Paris, réunion à laquelle assistaient Pirandello, Miguel de Unamuno, James Joyce, et beaucoup d'autres écrivains illustres, le romancier norvégien Johan Bojer se leva et fit un discours au cours duquel il fut amené à féliciter la France parce qu'elle avait, dans l'époque moderne, engendré d'admirables narrateurs, comme Guy de Maupassant. En entendant cette phrase, tous les jeunes écrivains français qui se trouvaient massés au fond de la salle manifestèrent par des rires leur étonnement.

> Ces jeunes écrivains ne savaient pas et ne pouvaient pas savoir l'influence de Guy de Maupassant à l'étranger. Guy de Maupassant représente indiscutablement le réalisme du XIXᵉ siècle à son point d'accomplissement, rien de plus, mais rien de moins. [41]

Après cette longue éclipse, l'oubli, voire le mépris, se dissipent. D'importants travaux bibliographiques sont élaborés [42], sa correspondance est peu à peu éditée, des études systématiques, attentives aux différentes facettes de son œuvre, commencent à paraître et se multiplient à partir des années 1960. Depuis, la production de Maupassant ne cesse d'être l'objet de rééditions et d'analyses (textuelles, sémiotiques ou thématiques) approfondies.

Pour ce qui est du conteur, deux événements font date : la réédition (1959 et 1960) d'A.-M. Schmidt et G. Delaisement [43] où les *Contes et nouvelles* sont groupés par ordre thématique; et la réédition (1974 et 1979) de Louis Forestier qui classe et annote *Contes et nouvelles* par ordre chronologique [44] : ces ouvrages donnent deux visions d'ensemble, fondamentales et complémentaires, de l'activité du nouvelliste.

Aujourd'hui quelques clichés sur l'homme et l'œuvre demeurent. Parmi les plus tenaces : Maupassant et son pessimisme, Maupassant et sa misogynie, Maupassant écrivain pittoresque, populaire (nous l'avons vu) et trop souvent grivois. Et puis : la clarté et la simplicité de son écriture. Et enfin : le poids de ses troubles mentaux sur sa vision du monde. Mais circule aussi encore l'image d'un écrivain génial, dont toutefois le génie, et le penchant pour l'insolite, s'expliqueraient, comme pour d'autres écrivains maudits, par la folie. Le portrait de l'auteur qui en ressort risque d'être quelque peu paradoxal : à la fois bizarre et un peu trop simple ?

Sur l'extrême simplicité, voire la naïveté de Maupassant conteur, Julien Gracq en 1954 n'a eu aucun doute :

> L'art de ses nouvelles m'a toujours semblé un art de table d'hôte; où l'effet ne manque jamais : gros, visible, réussi. Je l'ai référé, je crois, définitivement, après avoir lu *Sur l'eau*, où la ressource de cet art tout extérieur lui manque, et où il est réduit à son propre suc : pauvreté, médiocrité, inintérêt. Sa vogue à l'étranger me paraît d'ailleurs en tout point justifiée; nul auteur plus propre à faire accéder de plain-pied à une sorte de basic French littéraire, où manquent tous les éléments subtils. [45]

Désormais admis au rang des grands classiques, Guy de Maupassant reste en tous cas un auteur controversé. Qu'en penseront ses nouveaux lecteurs d'aujourd'hui ? Pencheront-t-ils pour Julien Gracq ou pour le bien moins célèbre écrivain Luc Durtain qui en 1938 voyait, au contraire, dans son œuvre « une œuvre complexe et d'apparence simple, comme la vie... » ? [46]

Selon l'un de ses plus fidèles adaptateurs à l'écran, Claude Santelli, le regard de Maupassant serait « essentiellement cinématographique ». [47] C'est une qualité que l'on attribue souvent aux grands romanciers réalistes et l'auteur de *Sur l'eau* partage avec Balzac, Stendhal ou Flaubert cet hommage anachronique que lui rend volontiers la critique. Est-il besoin de rappeler que la caméra a été conçue à l'image de l'œil humain et que le regard de l'écrivain et son écriture romanesque sont les ancêtres du cinéma ? Mais le metteur en scène voit parfaitement juste lorsqu'il poursuit en affirmant : « Maupassant n'est pas un descriptif, un réaliste au sens traditionnel, ni un imaginatif, c'est un visionnaire. Il y a dans sa manière de contempler un personnage, un animal, un paysage, un lieu, un groupe humain, une acuité particulière du regard propre à déceler aussitôt le secret, la fêlure, le drame caché, l'inavoué, derrière le réel, une extraordinaire faculté à saisir l'instant qui fait basculer une anecdote du quotidien vers le fantastique. Et le cinéaste ne peut qu'être sensible à cette dimension ». [48] Superbe instantané sur le regard de Maupassant, qui s'applique si bien, croyons-nous, aux contes recueillis ici.

Autour des textes proposés

Chez cet auteur à la fois bref et prolixe, sous le bavardage continuel d'une foule de narrateurs, il y a comme un bonheur diffus de (se) dire, et la séduction vitale de la parole écoutée. Il y a, en d'autres termes et tout simplement, le plaisir du conte, à partir – mais aussi au-delà – des misères de « l'humble vérité » [49] quotidienne.

Les contes choisis, reproduits dans leur intégralité et avec l'indication, à la fin de chacun d'eux, du lieu et de la date de leur première publication, [50] sont présentés dans l'ordre chronologique de parution. Cet ordre, qui suit celui établi par Louis Forestier pour l'ensemble des *Contes et nouvelles*, a l'avantage à nos yeux de mettre très nettement en lumière le fait que le côté fantastique dans l'œuvre de Maupassant, loin d'être une pure manifestation du progrès de sa maladie, marque les débuts mêmes du conteur et, sillonnant bien des endroits de sa production, en constitue une tendance stylistique constante.

La forme du récit conté est la dominante de notre sélection. Seuls deux des douze contes sont à la troisième personne : *La Veillée*, où cependant la première personne a une fonction principale dans les vieilles lettres qui y sont relues ; et *Décoré !*, bel

Paysage normand.

Nice, la Promenade des Anglais en 1883.

La tombée de la nuit sur le boulevard des Italiens à Paris.

exemple de nouvelle boulevardière, où dans l'épilogue un des personnages principaux, l'épouse, se révélera une conteuse de talent..., doublement infidèle.

Comme pour les recueils de poèmes, les recueils de nouvelles, au fil des sélections effectuées, montrent l'auteur sous un jour à chaque fois un peu différent. Quelle physionomie, quels traits particuliers du conteur se dégagent de la petite mosaïque présentée ici ? Nous y voyons, à la frontière entre naturalisme et fantastique, un Maupassant tour à tour défenseur de la passion clandestine, respectueux du droit à l'amour hors des contraintes sociales (*La Veillée, Le Testament, La Question du latin, Nos lettres*), sensible aux effets du silence (*Sur l'eau, Épaves, En voyage*), amusé par le mensonge (*Décoré !, Les Tombales*), bref un Maupassant partisan de l'énigme (à son comble dans *La Peur, La Main, La Nuit*). Tout compte fait, le présent recueil se construit autour de ce que Claude Santelli considère comme « le ressort essentiel des nouvelles de Maupassant : le secret ». [51] Secret dont le conte révèle la présence, mais qu'il n'explique pas toujours, ou pas toujours entièrement.

D'un récit à l'autre, nous parcourons les lieux privilégiés de l'auteur : la Normandie, Paris et les bords de Seine, la Côte d'Azur, l'Afrique. Des voyages, sur l'eau ou en chemin de fer, nous y mènent; et en même temps, la vision du nouvelliste se mêle à celle du chroniqueur, quand des faits divers, réels (*En voyage*) ou fictifs (*La Main*), l'observation des comportements sociaux (*Épaves, Décoré !*) ou un débat culturel d'actualité (*La Question du latin*) font partie intégrante de l'intrigue.

C'est cette étroite interdépendance chez Maupassant entre l'élaboration de la nouvelle et l'écriture journalistique qui nous a poussée à clore le recueil de récits contés sur trois chroniques : *La Politesse*, où le chroniqueur se révèle d'une clairvoyance incontestable sur certains us et coutumes de la presse d'hier et d'aujourd'hui ; et *Le Duel* (il en est question dans *Le Testament* et, marginalement, dans *Nos lettres*), une dure attaque contre cette pratique de l'époque qui n'est pas sans rapport avec la vogue de la grossièreté verbale dénoncée dans la première chronique. Quant à la troisième chronique choisie, *Le Fantastique*, [52] rédigée au moment de la mort de Tourgueniev, nous aimons à y voir, bien plus qu'un simple écrit de circonstance, un essai de théorisation, tout à fait réussi quoiqu'indirect, sur cette tendance stylistique de la nouvelle à laquelle Maupassant a tant apporté.

Carmen Licari

Ville d'Algérie.

NOTES

1. Roland BARTHES, *Introduction à l'analyse structurale des récits*, in *L'analyse structurale du récit*, «Communications», 8, 1966, p. 1.

2. Cf. René GODENNE, *La nouvelle française*, Paris, P.U.F., 1974, pp. 5-16.

3. Les *Histoires extraordinaires* de Poe dans la traduction de Baudelaire ont paru en cinq volumes, de 1856 à 1865 (Paris, Michel Lévy).

4. *Notes nouvelles* sur Edgar Poe (1857), in Ch. BAUDELAIRE, *Œuvres complètes*, texte établi, présenté et annoté par Claude Pichois, Paris, Gallimard (« La Pléiade »), 1976, vol. II, p. 329.

5. *Ibid.*

6. *Edgar Allan Poe, sa vie et ses ouvrages* (1852) in Ch. BAUDELAIRE, *Œuvres complètes* cit., vol. II, p. 283.

7. *Ibid.*, p. 282.

8. Sur l'utilisation du cadre chez Maupassant conteur, cf. R. GODENNE, *La nouvelle française* cit., pp. 60-62, et Jaap LINTVELT, *La polyphonie de l'encadrement dans les contes de Maupassant*, in Louis FORESTIER (dir.), *Maupassant et l'écriture* (Actes du colloque de Fécamp 21-23 mai 1993), Paris, Nathan, 1993, pp. 173-185.

9. Nous empruntons la formule à Jean ROUSSET (*Les lecteurs indiscrets*, in *Laclos et le libertinage*, Paris, P.U.F., 1983, pp. 89-96).

10. Dans son essai théorique sur *Le Roman* (1888), Maupassant affirmait : « Faire vrai consiste [...] à donner l'*illusion* complète du vrai, suivant la logique ordinaire des faits, et non à les transcrire servilement dans le pêle-mêle de leur succession. J'en conclus que les Réalistes de talent devraient s'appeler plutôt des *Illusionnistes* » (in Guy de MAUPASSANT, *Romans*, Paris, Albin Michel, 1959, p. 835 ; notre italique).

11. R. GODENNE, *La nouvelle française* cit., p. 54.

12. *Ibid.*, p. 55.

13. G. FLAUBERT, *Correspondance*, Paris, Conard, vol. III, p. 210.

14. Mouvement littéraire, plus connu sous le nom de *Nouveau Roman*, qui s'est affirmé en France dans les années 1960 et qui compte parmi ses principaux membres Michel Butor, Claude Ollier, Robert Pinget, Jean Ricardou, Alain Robbe-Grillet, Nathalie Sarraute et Claude Simon.

15. Jean-Marie DIZOL, *Maupassant de l'écrit à l'écran*, in Yves REBOUL (dir.), *Maupassant multiple* (*Actes* du colloque de Toulouse 13-15 décembre 1993), Presses Universitaires du Mirail, 1995, p. 87.

16. De *Histoire vraie* (1973) à *Mademoiselle Fifi* (1992).

17. Cl. SANTELLI, *L'adaptation de Maupassant à l'écran*, in L. FORESTIER (dir.), *Maupassant et l'écriture* cit., p. 286.

18. J.-M. DIZOL, *Maupassant de l'écrit à l'écran* cit., p. 99. Pour la *Filmographie* établie par l'auteur de cet essai, v. *ibid.*, pp. 101-105.

19. Cl. SANTELLI, dans l'entretien d'Étienne ITHURRIA, *Claude Santelli et Maupassant*, in Y. REBOUL (dir.), *Maupassant multiple* cit., p. 113.

20. Parmi les contes reproduits dans le présent volume, il n'y en a que deux qui font partie de la série d'adaptations télévisuelles de Carlo Rim : *La Question du latin*, qui à l'écran a pour titre *Le petit professeur*, et *Les Tombales*.

21. J.-M. DIZOL, *Maupassant de l'écrit à l'écran* cit., pp. 94-95.

22. À ce sujet, cf. en particulier Jean THORAVAL, *L'Art de Maupassant d'après ses variantes*, Paris, Imprimerie Nationale, 1950 et André VIAL, *Guy de Maupassant et l'art du roman*, Paris, Nizet, 1954.

23. Jacques LECARME, Bruno VERCIER (dir.), *Maupassant miroir de la nouvelle* (Actes du colloque de Cerisy 27 juin-7 juillet 1986), Saint-Denis, Presses Universitaires de Vincennes, 1988, quatrième page de couverture. Le chapitre III de ces Actes est entièrement consacré aux procédures de réécriture.

24. R. de GOURMONT, dans la rubrique *Les livres*, « Mercure de France », août 1890, p. 300.

25. In Artine ARTINIAN, *Pour et contre Maupassant. Enquête internationale. 147 témoignages inédits*, Paris, Nizet, 1955, p. 52.

26. *Ibid.*, p. 134.

27. Les autres co-auteurs sont É. Zola, J.-K. Huysmans, H. Céard, L. Hennique et P. Alexis.

28. Rappelons ses pièces *La Demande*, *La Trahison de la comtesse de Rhune*, *Une répétition* et *Histoire du vieux temps*.

29. Cf. la *Notice* de Louis Forestier, in Guy de Maupassant, *Contes et nouvelles*, Paris, Gallimard (« La Pléiade »), vol. I, 1974, p. 1598. Cette pièce eut au départ pour titre *La Paix du foyer*, puis *Un duel au canif*.

30. Notamment Guy de Valmont, sans doute emprunté à l'un des personnages libertins du célèbre roman épistolaire *Les Liaisons dangereuses* (1782) de Choderlos de Laclos, et Maufrigneuse, patronyme balzacien.

31. Romancier anglais (1660-1731), fondateur de la « Review », auteur de *Robinson Crusoe* (1719), de *Moll Flanders* (1722) et de *Lady Roxana* (1724).

32. Signalons, en outre, deux romans inachevés : *L'Angélus* et *L'Âme étrangère*.

33. Nouvelliste américain (1862-1910), auteur, entre autres, de *Cabbages and Kings* (1904), de *The Four Millions* (1906) et de *Hearts of the West* (1907).

34. In A. ARTINIAN, *Pour et contre Maupassant* cit., p. 52.

35. Lettre à Mme Émile Straus, Cannes [1889], in Guy de MAUPASSANT, *Correspondance*, édition établie par Jacques Suffel, Genève, Édito-Service, 1973, vol. III, p. 72.

36. *Ibid.*, p. 71.

37. Lettre à Frédéric Masson [janvier 1888 ?], fragment, *ibid.*, p. 22.

38. Cf. François TASSARD, *Souvenirs sur Guy de Maupassant*, Paris, Plon, 1911, et *Nouveaux souvenirs intimes sur Guy de Maupassant* (inédits), texte établi, annoté et présenté par P. Cogny, Paris, Nizet, 1962.

39. Lettre à Paul Alexis, Paris, 17 janvier 1977, in Guy de Maupassant, *Correspondance* cit., vol. I, p. 115.

40. Rappelons, entre autres, les colloques tenus à Fécamp en mai 1993 et à Toulouse en décembre 1993 : *Actes* cités plus haut.

41. In A. ARTINIAN, *Pour et contre Maupassant* cit., p. 63.

42. Cf., entre autres : *Liste des ouvrages, contes, nouvelles, romans, voyages, vers, théâtre, études, chroniques*, classés suivant l'ordre de leur composition et de leur publication, in G. de MAUPASSANT, *Œuvres complètes*, Paris, Librairie de France, t. XV, 1938; K. TOGEBY, *Index alphabétique et chronologique*, in *L'Œuvre de Maupassant*, Paris-Copenhague, P.U.F. – Danish Science Press, 1954, pp. 163-170; G. DELAISEMENT, *Bibliographie générale de l'œuvre de Guy de Maupassant*, in *Maupassant journaliste et chroniqueur*, Paris, Albin Michel, 1956, pp. 243-290.

43. Guy de MAUPASSANT, *Contes et nouvelles*, textes présentés, classés et augmentés de pages inédites par Albert-Marie SCHMIDT avec la collaboration de Gérard DELAISEMENT, Paris, Albin Michel, vol. 1 1959, vol. 2 1960. Les contes et nouvelles y sont groupés selon les catégories suivantes : dans le volume 1 *Drames et propos rustiques ; Les confinés ; Les séducteurs et l'art d'aimer ; Le charme des liaisons ; Le danger des liaisons ; La cage aux filles.* Dans le volume 2 *Scènes de la vie cléricale ; Ironies et horreurs de la guerre ; Le massacre des innocents ; Les chemins de la démence ; Diverses créatures.* Dans cette optique, les récits choisis pour la présente édition appartiendraient respectivement à ces catégories : *Les confinés (Décoré !* et *La Question du latin) ; Le charme des liaisons (Le Testament* et *En voyage) ; Le danger des liaisons (La Veillée* et *Nos lettres) ; La cage aux filles (Les Tombales) ; Les chemins de la démence (Sur l'eau, La Peur, La Main, La Nuit) ; Diverses créatures (Épaves).*

44. Guy de MAUPASSANT, *Contes et nouvelles, Préface* d'Armand Lanoux, *Introduction* de Louis Forestier, texte établi et annoté par Louis Forestier, Paris, Gallimard (« La Pléiade »), vol. 1 1974, vol. 2 1979.

45. In A. ARTINIAN, *Pour et contre Maupassant* cit., pp. 76-77.

46. *Ibid.*, p. 65.

47. Cl. SANTELLI, *L'adaptation de Maupassant à l'écran* cit., p. 288.

48. *Ibid.*

49. C'est le sous-titre que Maupassant donne à son premier roman, *Une vie.*

50. Nous avons repris pour la présente édition le texte établi par L. Forestier dans l'édition de « La Pléiade » cit.

51. Cl. SANTELLI, *L'adaptation de Maupassant à l'écran* cit., p. 288.

52. Pour *La Politesse* et *Le Duel,* nous suivons le texte du volume Guy de MAUPASSANT, *Chroniques inédites, Préface* par Pascal Pia, Paris, Maurice Gonon, s.d., pp. 149-153 et 199-204; pour *Le Fantastique,* le texte du volume Guy de MAUPASSANT, *Chroniques littéraires et chroniques parisiennes, Préface* par Pascal Pia, Paris, Maurice Gonon, s.d., pp. 235-239.

REPÈRES CHRONOLOGIQUES

Vie et œuvre de Maupassant

1846	Le 9 novembre, à Rouen, Gustave de Maupassant, qui vient d'obtenir le droit d'ajouter à son nom la particule aristocratique, épouse Laure Le Poittevin, sœur d'Alfred, l'ami intime de Flaubert.
1850	Le 5 août, naissance de Henry René Albert Guy de Maupassant, fils de Gustave et de Laure. Sur le lieu de sa naissance, les avis des biographes sont partagés : à Fécamp selon les uns ou, selon les autres, au château de Miromesnil, commune de Tourville-sur-Arques, près de Dieppe.
1851	Le 17 août, baptême de Guy, dans l'église paroissiale de Tourville-sur-Arques.
1854	Les Maupassant s'installent au château de Grainville-Ymauville, situé non loin du Havre.
1855	
1856	Le 19 mai, naissance du frère de Guy, Hervé.
1857	

Contexte historique et culturel

Mort de Balzac.

Le 2 décembre, coup d'État de Louis-Napoléon Bonaparte, qui deviendra Napoléon III, Empereur des Français (1852-1870).

Parution de la traduction française des *Récits d'un chasseur* (1852) de Tourgueniev.

Mort de Gérard de Nerval.

Publication de *Madame Bovary* de Flaubert et des *Fleurs du mal* de Baudelaire.

Vie et œuvre de Maupassant

1859-60   Rupture entre les époux Maupassant. Guy passe l'année scolaire au lycée Napoléon (aujourd'hui lycée Henri IV) à Paris où son père, qui vient de subir des revers de fortune, a trouvé un emploi. Pendant vingt-cinq ans Gustave exercera la profession d'employé de banque à Paris. Laure s'installe à Étretat, aux *Verguies*, villa qu'elle a achetée peu avant la séparation.

1861-62   L'instruction de Guy et d'Hervé est confiée à un prêtre d'Étretat.

1862

1863-68   Guy est pensionnaire à l'Institution ecclésiastique d'Yvetot. Vers la fin de l'année scolaire 1867-1868, il en est expulsé pour avoir écrit une pièce de vers interceptée par les Pères, qui la jugèrent immorale. Il entre ensuite comme interne au Lycée de Rouen. Il a pour correspondant le poète Louis Bouilhet, ami intime de Flaubert. C'est grâce à Bouilhet que Maupassant commence à fréquenter la demeure de Flaubert à Croisset.

1869   Le 18 juillet, mort de Bouilhet. Le 27 juillet, Maupassant est reçu bachelier ès lettres. En octobre il entreprend des études de droit à Paris.

1870   Maupassant est mobilisé, puis affecté à Rouen aux bureaux de l'Intendance divisionnaire.

Contexte historique et culturel

Pères et fils de Tourgueniev.

Flaubert publie *L'Éducation sentimentale*, Daudet les *Lettres de mon moulin*, les Goncourt *Madame Gervaisais*, Lautréamont les *Chants de Maldoror*.

Guerre franco-prussienne.
En septembre : désastre de Sedan, chute du II Empire et proclamation de la IIIe République.

Vie et œuvre de Maupassant

1871	En septembre, Maupassant quitte l'armée, en se faisant remplacer.
1872	Maupassant remplit des fonctions bénévoles auprès de la Bibliothèque du Ministère de la Marine, puis passe à la Direction des Colonies de ce même ministère. En même temps qu'il commence à fréquenter assidûment les bords de Seine, ses apprentissages littéraires se font sous la direction de Flaubert.
1873	Maupassant obtient des appointements pour son emploi au Ministère de la Marine. Séjour à Étretat, où il retournera assez souvent les années suivantes.
1874	Maupassant est titularisé dans son emploi.

Contexte historique et culturel

28 janvier : Armistice franco-allemand. 18 mars-28 mai :
Commune de Paris.
Parution de *La bonne chanson* de Verlaine.
Mort de Dickens.

Le Ventre de Paris de Zola. *Les Contes du lundi* de Daudet.

Parution de *La Tentation de Saint-Antoine* de Flaubert.
Première exposition des Impressionnistes chez Nadar.

Vie et œuvre de Maupassant

1875	Parution de *La Main d'écorché*, dans l'*Almanach lorrain de Pont-à-Mousson*, premier conte de Maupassant objet d'une publication. Il compose des pièces de vers, prépare deux pièces de théâtre (*La comtesse de Rhune* et *Une répétition*) et travaille à une nouvelle, *Le Docteur Héraclius Gloss*, qui ne sera pas publiée de son vivant. Il établit différentes relations littéraires : avec Zola, Daudet, Edmond de Goncourt, Tourgueniev qu'il rencontre chez Flaubert ; il fréquente les salons de Catulle Mendès, de la princesse Mathilde, de Mallarmé. Il fait partie du groupe d'écrivains qui se réunit autour de Zola et qui deviendra le groupe des soirées de Médan. Il compose une pièce grivoise, *À la feuille de rose, maison turque* dont la première représentation eut lieu dans l'atelier du peintre Maurice Leloir le 19 avril ; parmi les spectateurs, Flaubert et Tourgueniev.
1876	Maupassant collabore à *La République des lettres* de Catulle Mendès et au quotidien *La Nation*. Il participe régulièrement à des réunions et à des dîners littéraires.
1877	Flaubert donne à lire à son disciple le manuscrit des *Trois contes* qui paraîtront en avril. Maupassant obtient un congé de maladie : cure aux eaux de Loèche-les-Bains en Suisse. Il commence à travailler à son premier roman, *Une vie*.

Contexte historique et culturel

La Faute de l'abbé Mouret de Zola.

L'Après-midi d'un faune de Mallarmé.

Edmond de Goncourt publie *La Fille Élisa*, Zola *L'Assommoir*.

Vie et œuvre de Maupassant

1878	Plusieurs séjours à Étretat auprès de sa mère souffrante. Maupassant achève sa pièce de théâtre qui a pour titre définitif *La Trahison de la Comtesse de Rhune* et qui sera refusée au Théâtre Déjazet et au Français. Il travaille à *Une vie*, compose (mars-juin) un long poème, la *Vénus rustique*, publie quelques contes (notamment dans *La Mosaïque*) et remanie *L'Histoire du vieux temps*, un acte dont la première aura lieu le 19 février 1879. En décembre, il quitte le Ministère de la Marine et passe, grâce à Flaubert, à celui de l'Instruction publique.
1879	Août : représentation de l'*Histoire du vieux temps* au Casino d'Étretat. En septembre, voyage en Bretagne et à Jersey. Le 1er novembre, publication dans la *Revue moderne et naturaliste* du poème *Une fille* ; il s'agit en réalité du poème *Au bord de l'eau* (sauf pour les douze derniers vers, retranchés) paru en 1876 dans *La République des lettres*.
1880	En janvier, Maupassant, prévenu d'outrage à la morale publique et religieuse pour la publication d'*Une fille*, est cité à comparaître devant le juge d'Étampes. Le procès s'achève par un non-lieu. Février-mars : troubles de santé. 17 avril : parution du recueil collectif de nouvelles, *Les Soirées de Médan*, sous la direction de Zola. Maupassant y publie *Boule de suif* que Flaubert juge un chef-d'œuvre et que la critique admire. 25 avril : *Des vers*, recueil de poèmes, chez Charpentier. Le 31 mai, Maupassant nouvelliste et chroniqueur commence une collaboration au *Gaulois* qui durera jusqu'en 1888. Il quitte l'administration. Septembre-octobre : voyage en Corse.

Contexte historique et culturel

Nana de Zola.

8 mai : mort subite de Flaubert.

Vie et œuvre de Maupassant

1881	Tourgueniev fait connaître l'œuvre de Maupassant en Russie. Collaboration à *La Nouvelle Revue* et à la *Revue politique et littéraire*. Mai : publication chez Havard de *La Maison Tellier*, recueil de contes très favorablement accueilli par le public. Juillet-août : voyage en Afrique du Nord (Algérie et Tunisie). Le 29 octobre, Maupassant entre au *Gil Blas* ; il y collaborera jusqu'en 1891.
1882	Publication d'un deuxième recueil de contes, *Mademoiselle Fifi*, chez Kistemaeckers (Bruxelles). Juillet : voyage en Bretagne.
1883	Publication d'*Une vie*, premier roman de Maupassant, d'abord en feuilleton dans *Gil Blas* (27 février-6 avril) puis, en avril, en volume chez Havard. En mars, il publie une étude sur *Émile Zola*. Nouvelle édition augmentée de *Mademoiselle Fifi*. En juin, paraissent les *Contes de la Bécasse* chez Rouveyre et Blond et en novembre, chez Monnier, un nouveau recueil de nouvelles, *Clair de lune*. Séjours à Étretat, où il se fait construire une villa, *La Guillette*.

Contexte historique et culturel

Le Crime de Sylvestre Bonnard d'Anatole France. *Sagesse* de Verlaine.

Publication de *Bouvard et Pécuchet* de Flaubert. *À vau-l'eau* de Huysmans.

Souvenirs d'enfance et de jeunesse de Renan. Nietzsche, *Ainsi parlait Zarathoustra*. Villiers de l'Isle-Adam, *Contes cruels*. Mort de Tourgueniev, de Manet, de Wagner.

Vie et œuvre de Maupassant

1884   En janvier, parution chez Havard d'un recueil de récits de voyage, *Au soleil*. Maupassant préface les *Lettres de G. Flaubert à G. Sand* qui sont publiées en février. Trois nouveaux recueils de contes paraissent en quelques mois : *Miss Harriet* chez Havard en avril, *Les Sœurs Rondoli* chez Ollendorff en juillet, *Yvette* en octobre ; sont publiées en outre une nouvelle édition du recueil *Des Vers* et une nouvelle édition de *Clair de lune*. Maupassant travaille à son deuxième roman, *Bel-Ami*. Début des troubles nerveux. En décembre, séjour à Cannes, auprès de sa mère qui est gravement malade.

1885   En mars, publication chez Havard des *Contes du jour et de la nuit*. *Bel-Ami* paraît en feuilleton dans *Gil Blas* (6 avril - 30 mai) et, en mai, en volume chez Havard. Maupassant fréquente le salon de la Comtesse Potocka. Avril-juin : voyage en Italie (séjours, notamment, à Venise, Rome, Naples, Palerme, Raguse, Messine, Gênes). *Bel-Ami*, attaqué par certains critiques, obtient tout de suite la faveur des lecteurs. Juillet-août : cure à Châteauguyon. Maupassant commence à travailler à son troisième roman, *Mont-Oriol*. Décembre : parution d'un recueil de contes, *Monsieur Parent*, chez Ollendorff.

Contexte historique et culturel

Sapho de Daudet. *À Rebours* de Huysmans. Ibsen, *Le Canard sauvage*.

Jadis et naguère de Verlaine. *Germinal* de Zola. *Complaintes* de Laforgue. Mort de Vallès et de Hugo.

Vie et œuvre de Maupassant

1886	Janvier : un autre recueil de contes, *Toine*, paraît chez Marpon et Flammarion. Avril-mai : Maupassant publie dans le *XIXe siècle* une série d'articles sur le Salon de peinture. Mai : parution de *La Petite Roque* (contes) chez Havard. Août : bref voyage en Angleterre (Oxford et Londres). *Mont-Oriol* est publié en feuilleton dans *Gil Blas* du 23 décembre 1886 au 6 février 1887. Décembre : un recueil de *Contes choisis* paraît à la Libraire illustrée.
1887	En janvier, *Mont-Oriol* paraît en volume chez Havard. Février-mars : séjour à Antibes. Avril : nouvelle édition des *Contes de la Bécasse* (Havard). Mai : publication d'un recueil de contes, *Le Horla*, chez Ollendorff; séjour à Chatou. Juin : Maupassant commence à travailler à un nouveau roman, *Pierre et Jean*. Juillet : il participe à une ascension en ballon au-dessus de Paris et de la Belgique, voyage qui suscite beaucoup de bruit dans la presse. Août : le frère de Guy, Hervé, donne des signes de troubles mentaux. Octobre-novembre : voyage en Afrique du Nord (Algérie et Tunisie). *La Nouvelle Revue* publie *Pierre et Jean* en feuilleton, du 1er décembre 1887 au 1er janvier 1888.

Contexte historique et culturel

L'Œuvre de Zola. *Les Illuminations* de Rimbaud. *Pêcheur d'Islande* de Loti. Nietzsche, *Par-delà le bien et le mal*. Drumont, *La France juive*.

15 mai-15 juin : dernière exposition des Impressionnistes. Dans *Le Figaro* du 18 septembre, Moréas publie *Le Manifeste du Symbolisme*.

La Terre de Zola. Le 18 août, publication du manifeste des Cinq contre le Naturalisme. *Poésies* de Mallarmé. Fondation du Théâtre libre d'Antoine.

Vie et œuvre de Maupassant

1888   Le 7 janvier, un essai de Maupassant sur *Le Roman* paraît dans *Le Figaro*, amputé de plusieurs passages ; l'auteur intente un procès contre le quotidien, puis l'affaire se clôt à l'amiable. Janvier : *Pierre et Jean* est publié en volume chez Ollendorff, précédé de l'étude sur *Le Roman*. Février-avril : publication de *Sur l'eau*, journal de voyages, dans *Les Lettres et les Arts*. En mai, chez Quantin, parution de la nouvelle *Le Rosier de Mme Husson*. Septembre : cure à Aix-les-Bains. En octobre, Quantin publie un recueil de contes intitulé *Le Rosier de Mme Husson*. Décembre : séjour à Tunis ; un choix de contes de l'auteur, ayant pour titre *L'Héritage*, paraît chez Flammarion, dans la collection « Auteurs célèbres ».

1889   En février, publication du recueil de contes *La Main gauche* chez Ollendorff. Parution du roman *Fort comme la mort* d'abord en feuilleton dans la *La Revue illustrée* du 1er février au 16 mai et en mai en volume chez Ollendorff. Pendant l'été et l'automne, croisière à bord de son bateau, le Bel-Ami, et voyage en Afrique du Nord. Maupassant travaille à un autre roman, *Notre cœur*. Son étude sur l'*Évolution du roman du XIXe siècle* est publiée dans la *Revue de l'Exposition universelle de 1889*. En août, son frère Hervé est interné à l'hôpital psychiatrique de Lyon-Bron, où il meurt le 13 novembre.

Contexte historique et culturel

La *Bête humaine* de Zola. *Un homme libre* de Barrès. *Le Disciple* de Bourget. *La Princesse Maleine* de Maeterlinck. *L'enfant de Volupté* de D'Annunzio. *Essai sur les données immédiates de la conscience* de Bergson. Mort de Villiers de l'Isle-Adam.

Vie et œuvre de Maupassant

1890   *L'Écho de Paris* publie, du 6 au 24 janvier, des fragments de La *Vie errante*, récits de voyage qui paraissent en volume chez Ollendorff, en mars. En avril, publication d'un recueil de contes, *L'Inutile beauté*, chez Havard. Parution de *Notre cœur*, roman, en feuilleton dans *La Revue des Deux Mondes* de mai et de juin, et en volume chez Ollendorff en juin. Juillet : cure à Plombières ; il remanie sa pièce *La Paix du foyer* qui aura pour titre définitif *La Paix du ménage*. Septembre-octobre : séjours à Aix-les-Bains, Nice et Saint-Tropez, puis bref voyage en Algérie.

1891   Janvier : ses troubles de santé s'aggravent. Il commence deux romans, *L'Âme étrangère* et *L'Angelus* qui restent inachevés. Mars : première de *Musotte*, pièce tirée de sa nouvelle *L'Enfant* et qui sera très favorablement accueillie par le public en France et à l'étranger. À partir du mois d'avril : nombreux séjours dans le Midi ; il souffre d'une forte dépression et ne parvient pas à avancer dans son travail (projets de romans et collaboration aux périodiques).

1892   Le 1er janvier à Cannes, tentatives de suicide, suivies de l'internement dans la clinique du docteur Blanche à Passy.

1893   Mars : création de *La Paix du ménage* à la Comédie-Française. Le 6 juillet, Maupassant meurt à la clinique du docteur Blanche; le 8, il est inhumé au Cimetière Montparnasse.

Contexte historique et culturel

L'Avenir de la science de Renan. Mort de Van Gogh.

L'Argent de Zola. *Les Cahiers d'André Walter* de Gide. *Le Jardin de Bérénice* de Barrès. Mort de Rimbaud.

Fantôme d'Orient de Loti. *La jeune fille Violaine* de Claudel. *Pelléas et Mélisande* de Maeterlinck.

TABLEAU RÉCAPITULATIF
DES ŒUVRES DE MAUPASSANT

année*	recueil de contes	romans	autres écrits
1875	*La Main d'écorché* (1er conte publié)		
1880	*Boule de suif* (dans *Les Soirées de Médan*)		*Des vers* (poèmes)
1881	*La Maison Tellier*		
1882	*Mademoiselle Fifi*		
1883	*Contes de la Bécasse* *Clair de lune*	*Une vie*	
1884	*Miss Harriet* *Les Sœurs Rondoli* *Yvette*		*Au soleil* (récits de voyage)
1885	*Contes du jour et de la nuit*	*Bel-Ami*	
1886	*Toine* *La Petite Roque*	*Mont-Oriol* (1887)	
1887	*Le Horla*	*Pierre et Jean* (1888)	
1888	*Le Rosier de Mme Husson*		*Le Roman* (essai) *Sur l'eau* (récits de voyage)
1889	*La Main gauche*	*Fort comme la mort*	
1890	*L'Inutile beauté*	*Notre cœur*	*La vie errante* (récits de voyage)

* Pour les romans la date renvoie à l'année où l'œuvre a commencé à être publiée pour la première fois en feuilleton. La date qui suit entre parenthèse le titre du roman se réfère à la parution en volume.

Sur l'eau

Abréviations

adj. :	adjectif
cf. :	confer (comparez)
cour. :	courant
expr. :	expression
f. :	féminin
fam :	familier
fig. :	figuré
jur. :	juridique
litt. :	littéraire
loc. adv. :	locution adverbiale
m. :	masculin
péjor. :	péjoratif
pop. :	populaire
plur. :	pluriel
sens fig. :	sens figuré
sens pr. :	sens propre
subst :	substantif
v. :	voir
v. intr. :	verbe intransitif
v. tr. :	verbe transitif

Ces symboles indiquent le début et la fin des passages enregistrés.

Sur l'eau

J'avais loué, l'été dernier, une petite maison de campagne au bord de la Seine, à plusieurs lieues de Paris, et j'allais y coucher tous les soirs. Je fis, au bout de quelques jours, la connaissance d'un de mes voisins, un homme de trente à quarante ans, qui était bien le type le plus curieux que j'eusse jamais vu. C'était un vieux canotier, mais un canotier enragé, toujours près de l'eau, toujours sur l'eau, toujours dans l'eau [1]. Il devait être né dans un canot, et il mourra bien certainement dans le canotage final.

Un soir que nous nous promenions au bord de la Seine, je lui demandai de me raconter quelques anecdotes de sa vie nautique. Voilà immédiatement mon bonhomme qui s'anime, se transfigure, devient éloquent, presque poète. Il avait dans le cœur une grande passion, une passion dévorante, irrésistible : la rivière.

---

1. Maupassant a en commun avec ce personnage la passion du canotage.

« Vous autres, habitants des rues, vous ne savez pas ce
qu'est la rivière »

Sur l'eau

Ah ! me dit-il, combien j'ai de souvenirs sur cette rivière que vous voyez couler là près de nous ! Vous autres, habitants des rues, vous ne savez pas ce qu'est la rivière. Mais écoutez un pêcheur prononcer ce mot. Pour lui, c'est la chose mystérieuse, profonde, inconnue, le pays des mirages et des fantasmagories, où l'on voit, la nuit, des choses qui ne sont pas, où l'on entend des bruits que l'on ne connaît point, où l'on tremble sans savoir pourquoi, comme en traversant un cimetière : et c'est en effet le plus sinistre des cimetières, celui où l'on n'a point de tombeau.

La terre est bornée pour le pêcheur, et dans l'ombre quand il n'y a pas de lune, la rivière est illimitée. Un marin n'éprouve point la même chose pour la mer. Elle est souvent dure et méchante, c'est vrai, mais elle crie elle hurle, elle est loyale, la grande mer ; tandis que la rivière est silencieuse et perfide. Elle ne gronde pas, elle coule toujours sans bruit, et ce mouvement éternel de l'eau qui coule est plus effrayant pour moi que les hautes vagues de l'océan.

Des rêveurs prétendent que la mer cache dans son sein d'immenses pays bleuâtres, où les noyés [1] roulent parmi les grands poissons, au milieu d'étranges forêts et dans des grottes de cristal. La rivière n'a que des profondeurs noires où l'on pourrit dans la vase [2]. Elle est belle pourtant quand elle brille au soleil levant et qu'elle clapote [3] doucement entre ses berges couvertes

---

1. *Noyé* : mort, immergé dans l'eau, par asphyxie.
2. *Pourrir dans la vase* : se décomposer dans la terre boueuse des fonds d'un fleuve.
3. *Clapoter* : se dit d'une surface d'eau lorsque de petites ondes produisent un bruit léger, régulier et généralement agréable, contre la rive, un rocher ou le flanc d'un bateau. Subst.: *clapot* (m.), *clapotage* (m.), *clapotement* (m.), *clapotis* (m.).

de roseaux [1] qui murmurent.

Le poète a dit en parlant de l'océan :

Ô flots, que vous savez de lugubres histoires !
Flots profonds, redoutés des mères à genoux
Vous vous les racontez en montant les marées
Et c'est ce qui vous fait ces voix désespérées
Que vous avez, le soir, quand vous venez vers nous [2].

Eh bien, je crois que les histoires chuchotées [3] par les roseaux minces avec leurs petites voix si douces doivent être encore plus sinistres que les drames lugubres racontés par les hurlements des vagues.

Mais puisque vous me demandez quelques-uns de mes souvenirs, je vais vous dire une singulière aventure qui m'est arrivée ici, il y a une dizaine d'années.

J'habitais, comme aujourd'hui, la maison de la mère Lafon, et un de mes meilleurs camarades, Louis Bernet, qui a maintenant renoncé au canotage, à ses pompes et à son débraillé [4] pour entrer au Conseil d'État, était installé au village de C..., deux lieues plus bas. Nous dînions tous les jours ensemble, tantôt chez lui, tantôt chez moi.

1. *Roseau* (m.) : plante aquatique à tige longue et droite et dont les feuilles bruissent quand le vent les agite.

2. Il s'agit des derniers vers du poème *Oceano nox* de Victor Hugo.

3. *Chuchoté* : dit à voix très basse, comme une confidence au creux de l'oreille.

4. *Renoncer au canotage, à ses pompes et à son débraillé* : paraphrase ironique d'une formule rituelle prononcée à la cérémonie religieuse pour la profession solennelle de vie chrétienne: « Je renonce à satan, à ses pompes et à ses œuvres ». *Débraillé* : désordre, comportement qui ne tient pas compte des règles de la bonne tenue.

Sur l'eau

Un soir, comme je revenais tout seul et assez fatigué, traînant péniblement mon gros bateau, un *océan* [1] de douze pieds, dont je me servais toujours la nuit, je m'arrêtai quelques secondes pour reprendre haleine auprès de la pointe des roseaux, là-bas, deux cents mètres environ avant le pont du chemin de fer. Il faisait un temps magnifique ; la lune resplendissait, le fleuve brillait, l'air était calme et doux. Cette tranquillité me tenta ; je me dis qu'il ferait bien bon fumer une pipe en cet endroit. L'action suivit la pensée ; je saisis mon ancre et la jetai dans la rivière.

Le canot, qui redescendait avec le courant fila sa chaîne jusqu'au bout, puis s'arrêta ; et je m'assis à l'arrière sur ma peau de mouton, aussi commodément qu'il me fut possible. On n'entendait rien, rien : parfois seulement, je croyais saisir un petit clapotement presque insensible de l'eau contre la rive, et j'apercevais des groupes de roseaux plus élevés qui prenaient des figures surprenantes et semblaient par moments s'agiter.

Le fleuve était parfaitement tranquille, mais je me sentis ému par le silence extraordinaire qui m'entourait. Toutes les bêtes, grenouilles et crapauds, ces chanteurs nocturnes des marécages [2], se taisaient. Soudain, à ma droite, contre moi, une grenouille coassa [3]. Je tressaillis : elle se tut ; je n'entendis plus rien, et je résolus de fumer un peu pour me distraire. Cependant, quoique je fusse un culotteur de pipes renommé [4], je ne pus pas ;

---

1. *Océan* (m.) : bateau à voiles muni d'un dériveur.

2. *Marécage* (m.) : terrain inculte couvert d'eau stagnante.

3. *Coasser* : pousser des cris, en parlant de la grenouille ou du crapaud.

4. *Un culotteur de pipes renommé* : un fumeur expérimenté, maître en l'art de faire noircir le fourneau de ses pipes.

dès la seconde bouffée, le cœur me tourna et je cessai. Je me mis à chantonner, le son de ma voix m'était pénible ; alors, je m'étendis au fond du bateau et je regardai le ciel. Pendant quelque temps, je demeurai tranquille mais bientôt les légers mouvements de la barque m'inquiétèrent. Il me sembla qu'elle faisait des embardées [1] gigantesques, touchant tour à tour les deux berges du fleuve ; puis je crus qu'un être ou qu'une force invisible l'attirait doucement au fond de l'eau et la soulevait ensuite pour la laisser retomber. J'étais ballotté comme au milieu d'une tempête ; j'entendis des bruits autour de moi ; je me dressai d'un bond : l'eau brillait, tout était calme.

Je compris que j'avais les nerfs un peu ébranlés et je résolus de m'en aller. Je tirai sur ma chaîne ; le canot se mit en mouvement, puis je sentis une résistance, je tirai plus fort, l'ancre ne vint pas ; elle avait accroché quelque chose au fond de l'eau et je ne pouvais la soulever ; je recommençai à tirer, mais inutilement. Alors, avec mes avirons [2], je fis tourner mon bateau et je le portai en amont pour changer la position de l'ancre. Ce fut en vain, elle tenait toujours ; je fus pris de colère et je secouai la chaîne rageusement. Rien ne remua. Je m'assis découragé et je me mis à réfléchir sur ma position. Je ne pouvais songer à casser cette chaîne ni à la séparer de l'embarcation, car elle était énorme et rivée [3] à l'avant dans un morceau de bois plus gros que mon bras ; mais comme le temps demeurait fort

---

1. *Embardée* (f.) : brusque écart que fait un bateau ou un véhicule quelconque par rapport à sa direction prévue.
2. *Aviron* (m.) : rame élargie au bout, longue et légère, spécialement employée dans le canotage.
3. *Rivé* : attaché solidement, fixé étroitement.

beau, je pensai que je ne tarderais point, sans doute, à rencontrer quelque pêcheur qui viendrait à mon secours. Ma mésaventure m'avait calmé, je m'assis et je pus enfin fumer ma pipe. Je possédais une bouteille de rhum, j'en bus deux ou trois verres, et ma situation me fit rire. Il faisait très chaud, de sorte qu'à la rigueur je pouvais, sans grand mal, passer la nuit à la belle étoile [1].

Soudain, un petit coup sonna contre mon bordage. Je fis un soubresaut, et une sueur froide me glaça des pieds à la tête. Ce bruit venait sans doute de quelque bout de bois entraîné par le courant, mais cela avait suffi et je me sentis envahi de nouveau par une étrange agitation nerveuse. Je saisis ma chaîne et je me raidis dans un effort désespéré. L'ancre tint bon [2]. Je me rassis épuisé.

Cependant, la rivière s'était peu à peu couverte d'un brouillard blanc très épais qui rampait [3] sur l'eau fort bas, de sorte que, en me dressant debout, je ne voyais plus le fleuve, ni mes pieds, ni mon bateau, mais j'apercevais seulement les pointes des roseaux, puis plus loin, la plaine toute pâle de la lumière de la lune avec de grandes taches noires qui montaient dans le ciel, formées par des groupes de peupliers d'Italie. J'étais comme enseveli jusqu'à la ceinture dans une nappe de coton d'une blancheur singulière, et il me venait des imaginations fantastiques. Je me figurais qu'on essayait de monter dans ma barque que je ne pouvais plus distinguer, et que la rivière, cachée par ce

---

1. *Passer la nuit à la belle étoile* (expr. figée) : dormir en plein air.

2. *Tenir bon* (expr. figée) : ne pas céder.

3. *Ramper* : en parlant des reptiles, avancer le ventre au sol.

brouillard opaque, devait être pleine d'êtres étranges qui nageaient autour de moi. J'éprouvais un malaise horrible, j'avais les tempes serrées, mon cœur battait à m'étouffer ; et, perdant la tête, je pensai à me sauver à la nage ; puis aussitôt cette idée me fit frissonner d'épouvante. Je me vis perdu, allant à l'aventure dans cette brume épaisse, me débattant au milieu des herbes et des roseaux que je ne pourrais éviter, râlant de peur, ne voyant pas la berge, ne retrouvant plus mon bateau, et il me semblait que je me sentirais tiré par les pieds tout au fond de cette eau noire.

En effet, comme il m'eût fallu remonter le courant au moins pendant cinq cents mètres avant de trouver un point libre d'herbes et de joncs où je pusse prendre pied, il y avait pour moi neuf chances sur dix de ne pouvoir me diriger dans ce brouillard et de me noyer, quelque bon nageur que je fusse.

J'essayai de me raisonner. Je me sentais la volonté bien ferme de ne point avoir peur, mais il y avait en moi autre chose que ma volonté, et cette autre chose avait peur. Je me demandai ce que je pouvais redouter ; mon *moi* brave railla mon *moi* poltron, et jamais aussi bien que ce jour-là je ne saisis l'opposition des deux êtres qui sont en nous, l'un voulant, l'autre résistant, et chacun l'emportant tour à tour.

Cet effroi bête et inexplicable grandissait toujours et devenait de la terreur. Je demeurais immobile, les yeux ouverts, l'oreille tendue et attendant. Quoi ? Je n'en savais rien, mais ce devait être terrible. Je crois que si un poisson se fût avisé de sauter hors de l'eau, comme cela arrive souvent, il n'en aurait pas fallu davantage pour me faire tomber raide, sans connaissance.

Cependant, par un effort violent, je finis par ressaisir à peu près ma raison qui m'échappait. Je pris de nouveau ma bouteille de rhum et je bus à grands traits.

Sur l'eau

Alors une idée me vint et je me mis à crier de toutes mes forces en me tournant successivement vers les quatre points de l'horizon. Lorsque mon gosier [1] fut absolument paralysé, j'écoutai. — Un chien hurlait, très loin.

Je bus encore et je m'étendis tout de mon long au fond du bateau. Je restai ainsi peut-être une heure, peut-être deux, sans dormir, les yeux ouverts, avec des cauchemars [2] autour de moi. Je n'osais pas me lever et pourtant je le désirais violemment ; je remettais de minute en minute. Je me disais : « Allons, debout ! » et j'avais peur de faire un mouvement. À la fin, je me soulevai avec des précautions infinies, comme si ma vie eût dépendu du moindre bruit que j'aurais fait, et je regardai par-dessus le bord.

Je fus ébloui par le plus merveilleux, le plus étonnant spectacle qu'il soit possible de voir. C'était une de ces fantasmagories du pays des fées, une de ces visions racontées par les voyageurs qui reviennent de très loin et que nous écoutons sans les croire.

Le brouillard qui, deux heures auparavant, flottait sur l'eau s'était peu à peu retiré et ramassé sur les rives. Laissant le fleuve absolument libre, il avait formé sur chaque berge une colline ininterrompue, haute de six ou sept mètres, qui brillait sous la lune avec l'éclat superbe des neiges. De sorte qu'on ne voyait rien autre chose que cette rivière lamée de feu entre ces deux montagnes blanches ; et là-haut, sur ma tête, s'étalait, pleine et large, une grande lune illuminante au milieu d'un ciel bleuâtre et laiteux.

---

1. *Gosier* (m.) : la partie intérieure de la gorge.
2. *Cauchemar* (m.) : mauvais rêve, la plupart du temps pénible et angoissant.

Sur l'eau

Toutes les bêtes de l'eau s'étaient réveillées ; les grenouilles coassaient furieusement, tandis que, d'instant en instant, tantôt à droite, tantôt à gauche, j'entendais cette note courte, monotone et triste, que jette aux étoiles la voix cuivrée [1] des crapauds. Chose étrange, je n'avais plus peur ; j'étais au milieu d'un paysage tellement extraordinaire que les singularités les plus fortes n'eussent pu m'étonner.

Combien de temps cela dura-t-il, je n'en sais rien, car j'avais fini par m'assoupir. Quand je rouvris les yeux, la lune était couchée, le ciel plein de nuages. L'eau clapotait lugubrement, le vent soufflait, il faisait froid, l'obscurité était profonde.

Je bus ce qui me restait de rhum, puis j'écoutai en grelottant le froissement [2] des roseaux et le bruit sinistre de la rivière. Je cherchai à voir, mais je ne pus distinguer mon bateau, ni mes mains elles-mêmes, que j'approchais de mes yeux.

Peu à peu, cependant, l'épaisseur du noir diminua. Soudain je crus sentir qu'une ombre glissait tout près de moi ; je poussai un cri, une voix répondit ; c'était un pêcheur. Je l'appelai, il s'approcha et je lui racontai ma mésaventure. Il mit alors son bateau bord à bord avec le mien, et tous les deux nous tirâmes sur la chaîne. L'ancre ne remua pas. Le jour venait, sombre, gris, pluvieux, glacial, une de ces journées qui vous apportent des tristesses et des malheurs. J'aperçus une autre barque, nous la hélâmes [3]. L'homme qui la

---

1. *Cuivré* : qui rappelle le son d'un instrument de musique en cuivre (v. note 4, p. 168), par exemple une trompette.

2. *Froissement* (m.) : ici, le bruit des feuilles effleurées par le vent.

3. *Héler* : appeler de loin, à l'aide de gestes ou en se servant des mains comme d'un porte-voix.

montait unit ses efforts aux nôtres ; alors, peu à peu, l'ancre céda. Elle montait, mais doucement, doucement, et chargée d'un poids considérable. Enfin nous aperçûmes une masse noire, et nous la tirâmes à mon bord :

C'était le cadavre d'une vieille femme qui avait une grosse pierre au cou.

Bulletin français, 10 mars 1876
Signé Guy de Valmont.

A n a l y s e

L'agencement du texte

1. Le cadre (p. 3) : appréciez, dans les circonstances données, les modalités du glissement du premier au deuxième narrateur. Cernez les traits qui caractérisent chacun d'eux.

2. Le récit conté (pp. 3-14) : selon vous, en combien de parties s'articule-t-il? Parmi ces différentes séquences, quelles sont, à vos yeux, les plus frappantes et pourquoi ?

3. La chute (p. 14) : analysez les toutes dernières lignes du récit. Où peut-on situer le commencement de l'épilogue? En quoi l'art de Maupassant journaliste et chroniqueur, expert de faits divers, se conjugue-t-il avec celui du nouvelliste ?

4. Événements précis et commentaires d'ordre général : comment peut-on les distinguer dans la structure globale du récit ?

5. Le titre : ce conte parut pour la première fois (*Bulletin français*, 10 mars 1876) sous le titre *En canot*. Quelle distance sépare ce premier titre du titre définitif ?

Point de vue et narration

1. Voir : la nuit/le jour, le noir/le blanc, le brouillard/la clarté, l'opacité/la transparence, l'invisible/le visible... Ce récit conté tourne essentiellement autour de ces oppositions. Choisissez et classez quelques éléments linguistiques qui renvoient dans le texte à ces modalités de description du paysage.

A n a l y s e

2. Entendre : l'alternance du silence et des bruits ponctue fortement le cours de ce récit. Ce que le conteur a perçu alors est présenté comme, tour à tour, plus ou moins naturel ou plus ou moins inquiétant. À l'aide de brèves citations tirées du texte, montrez comment, à travers la perception du son, la tension évolue depuis la parfaite tranquillité, en passant par la peur et l'effroi, jusqu'au paroxysme de la terreur.

3. Éprouver : les réactions physiologiques, issues des sensations directement liées aux circonstances et à l'état psychologique du moment, occupent, au cœur de ce conte, le devant de la scène. Relevez dans le texte quelques-uns des nombreux termes qui y renvoient directement.

4. Quelle place occupe la description de la végétation, en particulier celle des roseaux, dans ce contexte visuel ?

5. Quelle fonction a, selon vous, la présence de la bouteille de rhum (pp. 10-13) dans l'économie de ce récit ?

Aspects chronologiques et rythme narratif

1. La prise de parole : dans quelles circonstances s'établit l'échange verbal entre les deux locuteurs ? Quels sont, dans la partie liminaire, les indicateurs spatio-temporels qui contribuent à cette mise en place ?

2. Les temps du récit : le présent de l'indicatif domine le début de ce récit conté (pp. 6-7 : « Ah ! me dit-il (...) il y a une dizaine d'années »). Montrez comment l'usage systématique de ce temps verbal, suivi de l'usage de l'imparfait (p. 7 : « J'habitais, comme aujourd'hui, »...) marque la dynamique de la construction de la " toile de fond " initiale.

A n a l y s e

3. L'insolite : choisissez et étudiez quelques-uns des effets de l'alternance imparfait/passé simple dans le corps du récit. Évaluez le rapport, dans la chronologie donnée, entre temps extérieur et temps vécu.

4. Appréciez, dans l'optique de l'insolite, la place occupée par certains moments descriptifs des lieux.

5. « En effet, comme il m'eût fallu (...) que je fusse » (p. 11) : analysez l'usage des modes et des temps verbaux dans cette phrase.

Sur quelques choix linguistiques

1. *Rivière* (f.)/*Fleuve* (m.) : dans son préambule, le deuxième narrateur emploie ces deux termes indifféremment, de même qu'il utilise *Océan* (m.) *pour Mer* (f.). Toutefois, dans l'usage courant, *rivière* se distingue de *fleuve* en ce que celle-là indique un cours d'eau naturel d'importance inférieure à celle du fleuve, par rapport au nombre d'affluents, au débit, à la longueur. Quel effet produit, dans le contexte donné, l'usage alterné de rivière et *fleuve*, de *mer* et *océan* ?

2. « Je me mis à *chantonner* » (p. 9). *Chantonner* : chanter à mi-voix, fredonner. Appréciez, en outre, la différence entre, par exemple : *rêver/rêvasser, tousser/toussoter, travailler/travailloter, trembler/trembloter, traîner/traînasser/traînailler.*

3. **En d'autres termes.** « L'ancre *tint bon* » (p. 10) : l'ancre ne céda pas. Le verbe *tenir* a plusieurs acceptions, selon ses différentes constructions : tenir *pour* quelqu'un ; tenir (quelque chose) *de* quelqu'un, tenir *à* quelqu'un, *à* quelque chose ; *s'en* tenir *à* quelque chose. Proposez un exemple d'emploi pour chacune de ces constructions et expliquez-en brièvement le sens en d'autres termes.

A n a l y s e

4. « Je trassaillis » ; « j'avais les nerfs un peu ébranlés » ;
   « je fis un soubresaut, et une sueur froide me glaça
   des pieds à la tête » ; « je me raidis dans un effort
   désespéré » ; « je me rassis épuisé »... (pp. 8-10).
   Maupassant multiplie ici termes et modalités
   exprimant la peur. Quels effets peuvent avoir sur le
   lecteur ces choix lexicaux ?

5. *Nuances* : *frémir, frissonner, grelotter, trembler, tressaillir,
   sursauter.* Froid, fièvre, peur, colère, indignation,
   surprise, émotion agréable ou désagréable..., autant
   de causes qui peuvent être à l'origine des réactions
   décrites par ces verbes. Appréciez les nuances qui
   caractérisent chacun d'eux, de préférence à l'aide
   d'un dictionnaire monolingue.

Étude d'extraits

Oralement ou par écrit, analysez, en examinant de
près les choix linguistiques et stylistiques de l'auteur
(vocabulaire, images, temps et modes verbaux,
rythme de la phrase etc.), les passages proposés ci-
dessous :

1. *Histoires chuchotées / Histoires hurlées* : « Eh bien (...)
   vagues » (p. 7).

2. *Entrevoir / Ne plus voir* : « Cependant, la rivière (...)
   autour de moi » (pp. 10-11).

3. Choisissez à votre tour un bref passage (de 5 à 10
   lignes) à analyser pour en éclairer la fonction dans la
   structure générale de ce conte. Proposez un titre
   pour le passage choisi.

Épaves

Épaves [1]

J'aime la mer en décembre, quand les étrangers sont partis ; mais je l'aime sobrement, bien entendu. Je viens de demeurer trois jours dans ce qu'on appelle une station d'été [2].

Le village, si plein de Parisiennes naguère, si bruyant et si gai, n'a plus que ses pêcheurs qui passent par groupes, marchant lourdement avec leurs grandes bottes marines, le cou enveloppé de laine, portant d'une main un litre d'eau-de-vie et, de l'autre, la lanterne du bateau. Les nuages viennent du Nord et courent affolés dans un ciel sombre ; le vent souffle. Les vastes filets bruns sont étendus sur le sable, couvert de débris [3] rejetés par la vague. Et la plage semble

---

1. *Épave* (f.) : objet abandonné en mer ou rejeté sur la côte; spécialement, restes d'un navire naufragé. *Sens fig.* : personne déchue, réduite à la misère et à la solitude.

2. Selon Louis Forestier, in Guy de Maupassant, *Contes et nouvelles* cit. (dorénavant *C.N.*), tome I, p.1383 : « La petite station balnéaire que Maupassant évoque est Étretat [...]. Le présent conte est, très vraisemblablement, écrit à l'occasion d'un séjour de Maupassant dans le port normand. Il est non moins vraisemblable qu'il met en scène des personnages réels sous des noms d'emprunt ».

3. *Débris* (m.pl.) : restes de choses en partie détruites.

Les planches d'Étretat.

lamentable, car les fines bottines des femmes n'y laissent plus les trous profonds de leurs hauts talons. La mer, grise et froide, avec sa frange d'écume, monte et descend sur cette grève déserte, illimitée et sinistre.

Quand le soir vient, tous les pêcheurs arrivent à la même heure. Longtemps ils tournent autour des grosses barques échouées [1], pareilles à de lourds poissons morts ; ils mettent dedans leurs filets, un pain, un pot de beurre, un verre, puis ils poussent vers l'eau la masse redressée qui bientôt se balance, ouvre ses ailes brunes et disparaît dans la nuit, avec un petit feu au bout du mât [2]. Des groupes de femmes, restées jusqu'au départ du dernier pêcheur, rentrent dans le village assoupi, et leurs voix troublent le lourd silence des rues mornes [3].

1. *Échoué* : ici, laissé sur la côte.
2. *Mât* (m.) : longue pièce de bois dressée dans un bateau pour en porter les voiles.
3. *Morne* : triste, inanimé.

Et j'allais rentrer aussi quand j'aperçus un homme ; il était seul, enveloppé d'un manteau sombre ; il marchait vite et parcourait de l'œil la vaste solitude de la grève, fouillant l'horizon du regard, cherchant un autre être.

Il me vit, s'approcha, me salua ; et je le reconnus avec épouvante. Il allait me parler sans doute, quand d'autres humains apparurent. Ils venaient en tas pour avoir moins froid. Le père, la mère, trois filles, le tout roulé dans des pardessus, des imperméables antiques, des châles ne laissant passer que le nez et les yeux. Le père était embobiné [1] dans une couverture de voyage qui lui montait jusque sur la tête.

Alors le promeneur solitaire se précipita vers eux ; de fortes poignées de main furent échangées, et on se mit à marcher de long en large sur la terrasse du Casino, fermé maintenant.

Quels sont ces gens restés ainsi quand tout le monde est parti ?

Ce sont les épaves de l'été. Chaque plage a les siennes.

Le premier est un grand homme. Entendons-nous : un grand homme de bains de mer. La race en est nombreuse.

Quel est celui de nous qui, arrivant en plein été dans ce qu'on appelle une station de bains, n'a pas rencontré un ami quelconque ou une simple connaissance venue déjà depuis quelque temps, possédant tous les visages, tous les noms, toutes les histoires, tous les cancans.

On fait ensemble un tour de plage. Soudain on rencontre un monsieur sur le passage duquel les autres baigneurs se retournent pour le contempler de dos. Il a l'air très important ; ses cheveux longs, coiffés

---

1. *Embobiné* : ici, enroulé, enveloppé, emmitouflé.

artistement d'un béret de matelot, encrassent un peu le col de sa vareuse [1]; il se dandine en marchant vite, les yeux vagues, comme s'il se livrait à un travail mental important, et on dirait qu'il se sent chez lui, qu'il se sait *sympathique*. Il pose [2], enfin.

Votre compagnon vous serre le bras :

« C'est Rivoil. »

Vous demandez naïvement :

« Qui ça, Rivoil ? »

Brusquement votre ami s'arrête et, vous fixant dans les yeux, indigné :

« Ah ! çà, mon cher, d'où sortez-vous ? Vous ne connaissez pas Rivoil, le violoniste ! Ça, c'est fort par exemple ! Mais c'est un artiste de premier ordre, un maître, il n'est pas permis de l'ignorer. »

On se tait, légèrement humilié.

Cinq minutes après, c'est un petit être laid comme un singe, obèse, sale, avec des lunettes et un air stupide ; celui-là c'est Prosper Glosse [3], le philosophe que l'*Europe entière connaît*. Bavarois ou Suisse allemand naturalisé, son origine lui permet de parler un français de maquignon [4], équivalent à celui dont il s'est servi pour écrire un volume d'inconcevables niaiseries [5] sous le titre de *Mélanges*. Vous faites semblant de n'ignorer

---

1. *Vareuse* (f.) : veste de grosse toile que portent les marins et les pêcheurs.

2. *Poser* (v. intr.) : prendre une attitude affectée pour se faire remarquer.

3. Ce nom rappelle celui du personnage principal d'un conte fantastique, *Le Docteur Héraclius Gloss,* que Maupassant écrivit à ses débuts et qui resta inédit du vivant de l'auteur.

4. *Maquignon* (m.) : marchand de chevaux, adroit entremetteur; *sens péjor.* : négociateur peu scrupuleux, truqueur, malhonnête.

5. *Niaiserie* (f.) : bêtise, sottise.

rien de la vie de ce magot [1] dont jamais vous n'avez entendu le nom.

Vous rencontrez encore deux peintres ; un homme de lettres, un rédacteur d'un journal ignoré ; plus un chef de bureau dont on dit : « C'est M. Boutin, directeur au ministère des Travaux publics. Il a un des services les plus importants de l'administration ; il est chargé des serrures. On n'achète pas une serrure pour les bâtiments de l'État sans que l'affaire lui passe par les mains. »

Voilà les grands hommes ; et leur renommée est due seulement à la régularité de leurs retours. Depuis douze ans ils apparaissent régulièrement à la même date ; et, comme tous les ans quelques baigneurs de l'année précédente reviennent, on se lègue d'été en été ces réputations locales qui, par l'effet du temps, sont devenues de véritables célébrités, écrasant, sur la plage qu'ils ont choisie, toutes les réputations de passage.

Une seule espèce d'hommes les fait trembler : les académiciens [2] ; et plus l'immortel est inconnu, plus son arrivée est redoutable [3]. Il éclate dans la ville d'eaux comme un obus.

On est toujours préparé à la venue d'un homme célèbre. Mais l'annonce d'un académicien que tout le monde ignore produit l'effet subit d'une découverte archéologique surprenante. On se demande : « Qu'a-t-il fait ? qu'est-il ? » Tous en parlent comme d'un rébus à deviner, et l'intérêt qu'il excite s'accroît de son obscurité.

---

1. *Magot* (m.) : singe appartenant au genre macaque; figure grotesque de porcelaine; homme laid et trapu.

2. *Les Académiciens* : les membres de l'Académie française, dits *les immortels*.

3. *Redoutable* : qu'il faut craindre grandement.

Celui-là c'est l'ennemi ! Et la lutte s'engage immédiatement entre le grand homme officiel et le grand homme du pays.

Quand les baigneurs sont partis, le grand homme reste ; il reste tant qu'une famille, une seule, sera là. Il est encore grand homme quelques jours pour cette famille. Ça lui suffit.

Et toujours une famille reste également, une pauvre famille de la ville voisine avec trois filles à marier. Elle vient tous les étés ; et les demoiselles Bautané sont aussi connues dans ce lieu que le grand homme. Depuis dix ans, elles font leur saison de pêche au mari (sans rien prendre, d'ailleurs) comme les matelots font leur saison de pêche au hareng. Mais elles vieillissent ; les gens du peuple savent leur âge et déplorent leur célibat : « Elles sont bien avenantes cependant ! »

Et voilà qu'après la fuite du monde élégant, chaque automne, la famille et l'homme célèbre se retrouvent face à face. Ils restent là un mois, deux mois, se voyant chaque jour, ne pouvant se décider à quitter la plage où vivent leurs rêves. Dans la famille, on parle de lui comme on parlerait de Victor Hugo ; il dîne souvent à la table commune, l'hôtel étant triste et vide.

Il n'est pas beau, lui, il n'est pas jeune, il n'est pas riche. Mais il est, dans le pays, M. Rivoil, le violoniste. Quand on lui demande comment il ne rentre pas à Paris, où tant de succès l'attendent, il répond invariablement : « Oh ! moi, j'aime éperdument la nature solitaire. Ce pays ne me plaît que lorsqu'il devient désert ! »

Mais un matelot, qui m'avait reconnu, m'aborda. Après m'avoir parlé de la pêche qui n'allait pas fort, le hareng devenant rare dans les parages, et des Terre-Neuviens [1] revenus, et de la quantité de morue rapportée, il me montra d'un coup d'œil les promeneurs, puis ajouta : « Vous savez, M. Rivoil va épouser la dernière des demoiselles Bautané. » Il allait seul, en effet, côte à côte avec elle, à quelques pas derrière le tas de la famille.

Et j'eus un serrement de cœur en songeant à ces épaves de la vie, à ces tristes êtres perdus, à ce mariage d'arrière-saison après le dernier espoir envolé, à ce grand homme en toc [2] accepté comme rossignol [3] par cette pauvre fille, qui, sans lui, aurait été bientôt à la femme ce qu'est le poisson salé au poisson frais.

Et, chaque année, des unions pareilles ont lieu après la saison finie, dans les villes de bains abandonnées.

> *Allez, allez, ô jeunes filles,*
> *Chercher maris auprès des flots...*

disait le poète [4].

---

1. *Terre-Neuviens* : de Terre-Neuve (*Newfoundland*), grande île du Canada à l'embouchure du Saint-Laurent, qui vit de ses pêcheries. Par extension : ceux qui participent à une campagne de pêche à la morue, à Terre-Neuve ou sur d'autres lieux de pêche.

2. *Toc* (m.) : imitation d'un bijou, d'un objet ancien et précieux. *En toc* : faux et prétentieux.

3. *Rossignol* (m.) : oiseau connu pour son chant très harmonieux ; mais aussi *(sens fig., fam.)* : marchandise sans valeur, démodée, invendable.

4. Victor Hugo. Toutefois, comme le précise Louis Forestier (in *C.N.*, tome I, p. 1384) : « Il ne s'agit pas ici d'une citation, mais plus vraisemblablement [...] d'une parodie de la pièce 32 des *Orientales (Les Bleuets)* dont chaque strophe se termine par : *Allez, allez, ô jeunes filles*
   Cueillir des bleuets dans les blés ! »

Épaves

Ils disparurent dans l'ombre.

La lune se levait toute rouge d'abord, puis pâlissant à mesure qu'elle montait dans le ciel, et elle jetait sur l'écume des vagues des lueurs blêmes, éteintes aussitôt qu'allumées.

Le bruit monotone du flot engourdissant la pensée, et une tristesse démesurée me venait de la solitude infinie de la terre, de la mer et du ciel.

Soudain, des voix jeunes me réveillèrent et deux grandes filles démesurément hautes m'apparurent, immobiles à regarder l'Océan. Leurs cheveux, répandus dans le dos, volaient au vent ; et, serrées en des caoutchoucs gris, elles ressemblaient à des poteaux [1] télégraphiques qui auraient eu des crinières.

Je reconnus des Anglaises.

Car, de toutes les épaves, celles-là sont les plus ballottées. À tous les coins du monde, il en échoue, il en traîne dans toutes les villes où le monde a passé.

Elles riaient, de leur rive grave, parlaient fort, de leurs voix d'hommes sérieux, et je me demandais quel singulier plaisir ces grandes filles, qu'on rencontre partout, sur les plages désertes, dans les bois profonds, dans les villes bruyantes et dans les vastes musées pleins de chefs-d'œuvre, peuvent ressentir à contempler sans cesse des tableaux, des monuments, de longues allées mélancoliques et des flots moutonnant [2] sous la lune, sans jamais rien comprendre à tout cela.

Le Gaulois, 9 décembre 1881

---

1. *Poteau* (m.) : pièce dressée verticalement pour servir de support.
2. *Moutonner* : se dit de la mer lorsqu'elle est agitée, la blancheur de sa surface rappelant la toison du mouton.

Analyse

L'agencement du texte

1. Les espaces blancs : la structure de ce récit est marquée par des blancs qui découpent le texte en blocs narratifs. Combien de blocs peut-on distinguer et comment chacun d'eux s'articule-t-il par rapport aux autres ?

2. Événements précis et commentaires d'ordre général : selon vous, lequel de ces aspects est prédominant dans ce conte ?

3. Entre conte et chronique : l'auteur n'a repris ce récit, qu'il publia dans *Le Gaulois* en décembre 1881, dans aucun des nombreux recueils de ses nouvelles composés par lui-même. Peut-être est-ce parce qu'il le jugeait plus proche de la chronique que du conte à proprement parler. Quelles sont les séquences qui, à vos yeux, renvoient plus directement à la forme de la chronique ?

4. La chute : « Soudain, des voix jeunes me réveillèrent » ... (p. 27). Ces comparses se rattachent à l'intrigue (espace, temps, événements) et en même temps s'en éloignent. Commentez la fonction de leur " apparition " dans l'épilogue.

5. Le titre : en quoi consiste son efficacité ?

Point de vue et narration

1. Rivoil : étudiez les modalités de présentation et de description de ce personnage. Quelle est sa fonction dans ce récit conté ?

2. L'usage des pronoms personnels : « Quels sont ces gens restés ainsi » ... (pp. 22-23). Dans la troisième partie, le narrateur, s'adressant au lecteur avec lequel s'établit une sorte de dialogue, emploie des pronoms tels que *nous, on, vous*. Relevez dans le texte

les membres de phrase qui contiennent ces pronoms, appréciez le glissement de l'un à l'autre (*on... vous... on...*) et commentez l'inclusion ainsi obtenue du lecteur dans le texte.

3. Scènes, paysages et portraits : description des lieux et description des personnes – groupes ou individus, habitants du village et " épaves " – alternent dans ce texte. Cernez-en les principaux moments descriptifs et montrez comment la suite de ces brefs paysages et portraits s'inscrit dans le déroulement du récit conté.

Aspects chronologiques et temps cyclique

1. La prise de parole : « J'aime la mer en décembre (...) une station d'été » (p. 20). Saisons et chronologie: relevez les indicateurs spatio-temporels autour desquels s'organise la mise en mouvement du récit. Compte tenu du fait que ce texte a été publié en décembre, quel rapport s'établit ainsi entre le narrateur et ses premiers « auditeurs » ? Quel sens a ici le mot *étrangers* ?

2. Le départ des pêcheurs : « Le village, si plein de Parisiennes naguère (...) le lourd silence des rues mornes » (pp. 20-21). Quelle dimension temporelle fait surgir l'usage continu du présent de l'indicatif dans cette description initiale ?

3. Une rencontre : « Et j'allais rentrer aussi (...) fermé maintenant » (p. 22). Appréciez l'alternance des temps verbaux employés dans la narration de cette " apparition ". À qui renvoie au juste le pronom *on* de la dernière phrase (« et on se mit à marcher » ...) ?

A n a l y s e

4. Le temps cyclique : « Et chaque année (...) disait le poète » (p. 26). Montrez comment les vers cités contribuent à communiquer le sentiment d'un perpétuel recommencement.

5. Un paysage : « La lune se levait (...) et du ciel » (p. 26). Que tend à transmettre au lecteur l'usage continu de l'imparfait dans cette description ? Deux phrases au passé simple encadrent ce paysage ; appréciez l'opposition « Ils disparurent » ... / Elles « m'apparurent »...

Sur quelques choix linguistiques

1. *Naguère* (*litt.*, p. 20) : il y a peu de temps, récemment. La quantification du temps est souvent une question d'optique. Plusieurs indicateurs temporels permettent de placer un événement ou une situation passés différemment, ou à différentes distances du moment où l'on parle : *jadis, autrefois, (d')antan, dans le temps, à l'époque, auparavant.* Comparez brièvement l'usage de ces adverbes et locutions de temps.

2. **Les notions** de ˝ fragment ˝ et de ˝ reste ˝. De préférence à l'aide d'un dictionnaire monolingue, comparez le sens des mots suivants:

   – *épave* (f.), *débris* (m.), *gravats* (m.pl.), *détritus* (m.);
   – *rebut* (m.), *déchet* (m.), *ordure* (f.), *poubelle* (f.);
   – *mégot* (m.), *trognon* (m.), *miette* (f.), *quignon* (m.);
   – *bout* (m.), *morceau* (m.), *passage* (m.), *extrait* (m.).

Analyse

3. **En d'autres termes.** « Ah ! çà, mon cher, d'où sortez-vous ? Vous ne connaissez par Rivoil, le violoniste ! çà, c'est fort par exemple ! » (p. 23) : relevez dans ces phrases les éléments linguistiques propres à la langue parlée. Quel sentiment véhiculent-ils ? Compte tenu du contexte donné, reformulez ces phrases en exprimant la même intention en d'autres termes.

4. **Nuances :**

   a) « le lourd silence des rues *mornes* » (p. 21) : *morne, morose, maussade, sombre, terne.* Ces adjectifs indiquent un manque de vitalité (de gaîté, de sons, de lumière, d'éclat, selon les cas). Ils peuvent qualifier une humeur, un état d'âme, un regard..., mais aussi le temps, un ciel, un paysage. Proposez quelques brefs exemples d'emploi : par ex. *Un visage sombre. Un ciel terne.*

   b) « et plus l'immortel est inconnu, plus son arrivée est *redoutable* » (p. 24) : *redouter, appréhender, s'effrayer, avoir peur de..., craindre.* Peut-on classer ces verbes par ordre d'intensité du sentiment éprouvé ?

5. « Elles riaient, *de* leur rire grave, parlaient fort, *de* leurs voix d'hommes sérieux » (p. 27). Quelle est la fonction de *de* dans cette phrase ? Comparez cet usage à celui de *de* dans des constructions telles que : " suivre *des* yeux ", " montrer *du* doigt ", " refuser *de* la tête ".

A n a l y s e

Étude d'extraits

Oralement ou par écrit, analysez, en examinant de près les choix stylistiques de l'auteur, les passages proposés ci-dessous :

1. *La mer, grise et froide* : « Les nuages viennent du Nord (...) illimitée et sinistre » (pp. 20-21).

2. *Un monsieur très important* : « Soudain on rencontre un monsieur (...) Il pose, enfin » (pp. 22-23).

3. Choisissez à votre tour un instant descriptif du conte (scène, paysage ou portrait), donnez-lui un titre et analysez-le pour en souligner la place dans le déroulement du récit.

La Veillée

La Veillée

Elle était morte sans agonie, tranquillement, comme une femme dont la vie fut irréprochable, et elle reposait maintenant dans son lit, sur le dos, les yeux fermés, les traits calmes, ses longs cheveux blancs soigneusement arrangés comme si elle eût fait sa toilette encore dix minutes avant la mort, toute sa physionomie pâle de trépassée si recueillie, si reposée, si résignée qu'on sentait bien quelle âme douce avait habité ce corps, quelle existence sans trouble [1] avait menée cette aïeule [2] sereine, quelle fin sans secousses et sans remords avait eue cette sage.

À genoux, près du lit, son fils, un magistrat aux principes inflexibles, et sa fille, Marguerite, en religion sœur Eulalie, pleuraient éperdument. Elle les avait dès l'enfance armés d'une intraitable morale, leur enseignant la religion sans faiblesses et le devoir sans

---

1. *Trouble* (m.) : agitation, inquiétude, désordre émotionnel.
2. *Aïeul* (m.; m. pl. *aïeux*), *aïeule* (f.) : personne qui est à l'origine d'une famille; ancêtre.

pactisations [1]. Lui, l'homme, était devenu magistrat, et brandissant la loi, il frappait sans pitié les faibles, les défaillants [2] ; elle, la fille, toute pénétrée de la vertu qui l'avait baignée [3] en cette famille austère, avait épousé Dieu, par dégoût des hommes.

Ils n'avaient guère connu leur père ; ils savaient seulement qu'il avait rendu leur mère malheureuse, sans apprendre d'autres détails.

La religieuse baisait follement une main pendante de la morte, une main d'ivoire pareille au grand christ couché sur le lit. De l'autre côté du corps étendu, l'autre main semblait tenir encore le drap froissé de ce geste errant qu'on nomme le pli des agonisants ; et le linge en avait conservé comme de petites vagues de toile, comme un souvenir de ces derniers mouvements qui précèdent l'éternelle immobilité.

Quelques coups légers frappés à la porte firent relever les deux têtes sanglotantes, et le prêtre, qui venait de dîner, rentra. Il était rouge, essoufflé [4], de la digestion commencée ; car il avait mêlé fortement son café de cognac pour lutter contre la fatigue des dernières nuits passées et de la nuit de veille qui commençait.

---

1. *Pactisation* (f.) : compromis.
2. *Défaillant* : qui perd ses forces. *Défaillir* (v. intr.) : s'affaiblir ; s'évanouir.
3. *Baigné* : ici, complètement entouré, enveloppé.
4. *Essoufflé* : presque sans souffle.

Il semblait triste, de cette fausse tristesse d'ecclésiastique pour qui la mort est un gagne-pain [1]. Il fit le signe de la croix, et, s'approchant avec son geste professionnel : « Eh bien ! mes pauvres enfants, je viens vous aider à passer ces tristes heures. » Mais sœur Eulalie soudain se releva : « Merci, mon père, nous désirons, mon frère et moi, rester seuls auprès d'elle. Ce sont nos derniers moments à la voir, nous voulons nous retrouver tous les trois, comme jadis, quand nous... nous... nous étions petits, et que notre pau... pauvre mère... » Elle ne put achever, tant les larmes jaillissaient, tant la douleur l'étouffait.

Mais le prêtre s'inclina, rasséréné, songeant à son lit. « Comme vous voudrez, mes enfants. » Il s'agenouilla, se signa [2], pria, se releva, et sortit doucement en murmurant : « C'était une sainte. »

Ils restèrent seuls, la morte et ses enfants. Une pendule cachée jetait dans l'ombre son petit bruit régulier ; et par la fenêtre ouverte les molles odeurs des foins et des bois pénétraient avec une languissante clarté de lune. Aucun son dans la campagne que les notes volantes des crapauds et parfois un ronflement d'insecte nocturne entrant comme une balle et heurtant un mur. Une paix infinie, une divine mélancolie, une silencieuse sérénité entouraient cette morte, semblaient s'envoler d'elle, s'exhaler au-dehors, apaiser la nature même.

Alors le magistrat, toujours à genoux, la tête plongée dans les toiles du lit, d'une voix lointaine, déchirante [3], poussée à travers les draps et les couvertures, cria :

---

1. *Gagne-pain* (m.) : métier qui permet à quelqu'un de gagner sa vie.

2. *Se signer* : faire le signe de la croix.

3. *Déchirant* : qui émeut profondément, qui brise le cœur.

La Veillée

« Maman, maman, maman ! » Et la sœur, s'abattant sur le parquet, heurtant au bois son front de fanatique, convulsée, tordue, vibrante, comme en une crise d'épilepsie, gémit : « Jésus, Jésus, maman, Jésus ! »

Et secoués tous deux par un ouragan de douleur, ils haletaient [1], râlaient [2].

Puis la crise, lentement, se calma, et ils se remirent à pleurer d'une façon plus molle, comme des accalmies [3] pluvieuses suivent les bourrasques sur la mer soulevée.

Puis, longtemps après, ils se relevèrent et se remirent à regarder le cher cadavre. Et les souvenirs, ces souvenirs lointains, hier si doux, aujourd'hui si torturants, tombaient sur leur esprit avec tous ces petits détails oubliés, ces petits détails intimes et familiers, qui refont vivant l'être disparu. Ils se rappelaient des circonstances, des paroles, des sourires, des intonations de voix de celle qui ne leur parlerait plus. Ils la revoyaient heureuse et calme, retrouvaient des phrases qu'elle leur disait, et un petit mouvement de la main qu'elle avait parfois, comme pour battre la mesure, quand elle prononçait un discours important.

Et ils l'aimaient comme ils ne l'avaient jamais aimée. Et ils s'apercevaient, en mesurant leur désespoir, combien ils allaient se trouver maintenant abandonnés.

C'était leur soutien, leur guide, toute leur jeunesse, toute la joyeuse partie de leur existence qui disparaissaient, c'était leur lien avec la vie, la mère, la maman, la chair créatrice, l'attache avec les aïeux qu'ils n'auraient plus. Ils devenaient maintenant des solitaires, des isolés, ils ne pouvaient plus regarder

---

1. *Haleter* : respirer difficilement, avec gêne.
2. *Râler* : émettre un bruit rauque en respirant avec peine.
3. *Accalmie* (f.) : période de calme, de repos, après la tempête.

derrière eux.

La religieuse dit à son frère : « Tu sais comme maman lisait toujours ses vieilles lettres ; elles sont toutes là, dans son tiroir [1]. Si nous les lisions à notre tour, si nous revivions toute sa vie cette nuit près d'elle ? Ce serait comme un chemin de la croix [2], comme une connaissance que nous ferions avec sa mère à elle, avec nos grands-parents inconnus, dont les lettres sont là, et dont elle nous parlait si souvent, t'en souvient-il ? »

Et ils prirent dans le tiroir une dizaine de petits paquets de papiers jaunes, ficelés avec soin et rangés [3] l'un contre l'autre. Ils jetèrent sur le lit ces reliques, et choisissant l'une d'elles sur qui le mot « Père » était écrit, ils l'ouvrirent et lurent.

C'étaient ces si vieilles épîtres qu'on retrouve dans les vieux secrétaires de famille, ces épîtres qui sentent [4] l'autre siècle. La première disait : « Ma chérie » ; une autre : « Ma belle petite fille », puis d'autres : « Ma chère enfant » ; puis encore : « Ma chère fille ». Et soudain, la religieuse se mit à lire tout haut, à relire à la morte son histoire, tous ses tendres souvenirs. Et le magistrat, un coude sur le lit, écoutait, les yeux sur sa mère. Et le cadavre immobile semblait heureux.

1. *Tiroir* (m.) : petite caisse faisant partie d'un meuble et que l'on peut tirer vers soi ou extraire, pour y mettre ou y prendre des affaires.

2. *Chemin de* (la) *croix* : suite des quatorze stations représentant les scènes de la Passion du Christ; ici, au sens figuré.

3. *Ficelés avec soin et rangés* : liés avec une corde mince (*ficelle*) et bien classés, ordonnés.

4. *Sentir* (v.tr.) : avoir l'odeur, le style, le goût de quelque chose; ici, rappeler une atmosphère particulière appartenant au passé.

La Veillée

Sœur Eulalie s'interrompant, dit tout à coup : « Il faudra les mettre dans sa tombe, lui faire un linceul de tout cela, l'ensevelir là-dedans. » Et elle prit un autre paquet sur lequel aucun mot révélateur n'était écrit. Et elle commença, d'une voix haute : « Mon adorée, je t'aime à en perdre la tête. Depuis hier, je souffre comme un damné brûlé par ton souvenir. Je sens tes lèvres sous les miennes, tes yeux sous mes yeux, ta chair sous ma chair. Je t'aime, je t'aime ! Tu m'as rendu fou. Mes bras s'ouvrent, je halète, soulevé par un immense désir de t'avoir encore. Tout mon corps t'appelle, te veut. J'ai gardé dans ma bouche le goût de tes baisers... »

Le magistrat s'était redressé ; la religieuse s'interrompit ; il lui arracha la lettre, chercha la signature. Il n'y en avait pas, mais seulement sous ces mots : « Celui qui t'adore », le nom : « Henry ». Leur père s'appelait René. Ce n'était donc pas lui. Alors le fils, d'une main rapide, fouilla dans le paquet de lettres, en prit une autre, et il lut : « Je ne puis plus me passer de tes caresses... » Et debout, sévère comme à son tribunal, il regarda la morte impassible. La religieuse, droite comme une statue, avec des larmes restées au coin des yeux, considérant son frère, attendait. Alors il traversa la chambre à pas lents, gagna [1] la fenêtre et, le regard perdu dans la nuit, songea [2].

Quand il se retourna, sœur Eulalie, l'œil sec [3] maintenant, était toujours debout, près du lit, la tête baissée.

Il s'approcha, ramassa vivement les lettres qu'il

---

1. *Gagner* (v.tr.) : aller jusqu'à, atteindre (un lieu).
2. *Songer* (v.intr.) : se mettre à rêver les yeux ouverts, laisser vagabonder sa pensée.
3. *L'œil sec* : sans larmes.

rejetait pêle-mêle [1] dans le tiroir ; puis il ferma les rideaux du lit.

Et quand le jour fit pâlir les bougies qui veillaient [2] sur la table, le fils, lentement, quitta son fauteuil, et sans revoir encore une fois la mère qu'il avait séparée d'eux, condamnée, il dit lentement : « Maintenant, retirons-nous, ma sœur. »

Gil Blas, 7 juin 1882
Signé Maufrigneuse.

« Alors il ... gagna la fenêtre et, le regard perdu dans la nuit, songea. »

1. *Pêle-mêle* (loc.adv.) : sans aucun ordre, dans une confusion complète.
2. *Veiller* (v.intr.) : être de garde, faire la veillée.

A n a l y s e

L'agencement du texte

1. **L'anonymat** : comme souvent chez Maupassant nouvelliste, le personnage principal de ce conte est sans nom. Relevez dans le premier paragraphe les termes qui désignent la mère, et dans le deuxième ceux qui désignent les enfants. Comment sont dénommés le fils et la fille dans la suite du récit ? Que mettent en relief ces choix linguistiques ?

2. **Le prêtre** : quel est son rôle ici ? Quel sens prendront les mots qu'il prononce en sortant (« C'était une sainte. », p. 36) , une fois la lecture achevée ?

3. **Les lettres** : dans ce récit à la troisième personne (« *Elle* était morte sans agonie » ...) s'insère un contre-récit à la première personne, par le biais de la lecture à haute voix des lettres adressées jadis à la mère : « Et soudain la religieuse se mit à lire tout haut, à relire à la morte son histoire, tous ses tendres souvenirs » (p. 38). Appréciez l'efficacité de ce procédé.

4. **Formule d'adresse et signature** : montrez comment l'intrigue se noue grâce au glissement d'une formule à l'autre (« Ma chérie » ... « Ma chère fille » ... « Mon adorée » ... , p. 39), et d'un prénom à l'autre (Henry, René).

5. *La veillée.* Ce mot a un sens général : temps qui passe entre le dîner et le coucher, jadis consacré aux réunions et aux récits contés; et un sens spécifique : nuit passée auprès d'un malade ou d'un mort. Laquelle de ces deux acceptions marque davantage le titre choisi par l'auteur ?

Analyse

Point de vue et narration

1. Les gestes décrits ou évoqués dans cette nouvelle sont nombreux. Quels sont selon vous les plus frappants ? Montrez comment certains d'entre eux (habituels, rituels ou théâtraux) contribuent à caractériser, dans les circonstances données, les différents personnages.

2. La reprise : « Puis la crise, lentement, se calma (...) l'être disparu » (p. 37). Plusieurs mots sont repris dans ce passage; ils reviennent d'une phrase à l'autre, ou à l'intérieur d'une même phrase. Mettez en relief toutes les reprises qui ponctuent ce moment du texte. Que transmet au lecteur ce choix stylistique ?

Aspects chronologiques et rythme narratif

1. Le silence : « Ils restèrent seuls (...) la nature même » (p. 36). Quels sont les seuls bruits qui rythment ici le temps de la veillée ?

2. Les cris. À l'amplification du silence succède l'« ouragan de la douleur » : « Alors le magistrat (...) ils haletaient, râlaient » (pp. 36-37). Appréciez le contraste que crée la juxtaposition de ces deux séquences.

3. « La religieuse, droite comme une statue (...) puis il ferma les rideaux du lit » (pp. 39-40) : après la lecture des lettres à haute voix, un nouveau silence s'établit. Analysez l'usage des verbes (modes, temps, place des formes verbales), pour souligner l'opposition entre l'immobilité de la sœur et les mouvements du frère. En quoi le geste final du magistrat peut-il être perçu comme théâtral ?

A n a l y s e

Sur quelques choix linguistiques

1. La chute. Relisez le dernier paragraphe (« Et quand le jour » ..., p. 40) et commentez ces trois choix de l'auteur :

   – « les bougies qui *veillaient* sur la table ». Les enfants ont-ils vraiment veillé leur mère ?

   – *condamnée*. Quel type de jugement présuppose l'emploi de ce participe passé ?

   – *ma sœur*. Cette formule d'adresse renvoie-t-elle uniquement au lien de parenté ou aussi, et surtout, à l'appartenance de Marguerite à un ordre religieux ?

2. *veiller, éveiller, réveiller, surveiller* : analysez le sens et l'usage de ces verbes, cernez ce qu'ils ont en commun et ce qui les distingue, donnez quelques substantifs de la même famille.

3. **Nuances** : « t'en souvient-il ? » (p. 38) est une forme littéraire. Que révèle sur son état d'âme du moment l'emploi qu'en fait sœur Eulalie ? Comment peut-on poser la même question couramment ?

4. **En d'autres termes** : « ces épîtres qui *sentent* l'autre siècle » (p. 38). Explorez, de préférence à l'aide d'un dictionnaire monolingue, les usages du verbe *(se) sentir* : percevoir, deviner, éprouver, émaner une (bonne ou mauvaise) odeur (de...), etc. Proposez quelques exemples d'emploi pour ces différentes acceptions et expliquez-en brièvement le sens en d'autres termes.

A n a l y s e

5. Des paquets «*ficelés* avec soin» (p. 38). On peut attacher, nouer, lier quelque chose avec différents matériaux et dans des buts très divers: par ex. pour ranger et classer, pour orner et enjoliver, pour transmettre ou pour manœuvrer. Associez un des mots de la première colonne (1-7) à un des mots de la deuxième colonne (a-g), par ex. 7.f. : *cordon de rideaux*, pour former des phrases :

1. ficelle (f.)   a. soie (f.)

2. ruban (m.)   b. acier (m.)

3. faveur (f.)   c. magnétique

4. bande (f.)   d. marionnette (f.)

5. câble (m.)   e. velours (m.)

6. nœud (m.)   f. rideaux (m.pl.)

7. cordon (m.)   g. papillon (m.)

Étude d'extraits

1. *La représentation de la mère* : « C'était leur soutien (...) derrière eux » (pp. 37-38). Analysez le *crescendo* qui donne le mouvement à ce paragraphe. Qu'en reste-t-il à la chute du récit ?

2. Choisissez à votre tour un bref passage, donnez-lui un titre et analysez-le en le situant par rapport au dénouement.

La Peur

La Peur

À J.-K. Huysmans [1]

On remonta sur le pont après dîner. Devant nous, la Méditerranée n'avait pas un frisson sur toute sa surface, qu'une grande lune calme moirait. Le vaste bateau glissait, jetant sur le ciel, qui semblait ensemencé d'étoiles, un gros serpent de fumée noire ; et, derrière nous, l'eau toute blanche, agitée par le passage rapide du lourd bâtiment, battue par l'hélice, moussait [2], semblait se tordre, remuait tant de clartés qu'on eût dit de la lumière de lune bouillonnant.

Nous étions là, six ou huit, silencieux, admirant, l'œil tourné vers l'Afrique lointaine où nous allions. Le

---

1. Joris-Karl Huysmans (1848-1907), écrivain et critique d'art français d'origine hollandaise. Il adhéra à ses débuts aux doctrines de Zola en collaborant au recueil collectif de nouvelles *Les Soirées de Médan* (1880). Il s'éloignera bientôt du naturalisme, notamment avec son roman *À rebours* (1884) qui marquera un tournant dans l'évolution de la Décadence au Symbolisme. Par la suite, il empruntera dans son œuvre romanesque différents chemins, du spiritualisme au mysticisme.

2. *Mousser* : produire une grande quantité de bulles, d'écume.

commandant, qui fumait un cigare au milieu de nous, reprit soudain la conversation du dîner.

« Oui, j'ai eu peur ce jour-là. Mon navire est resté six heures avec ce rocher dans le ventre, battu par la mer. Heureusement que nous avons été recueillis, vers le soir, par un charbonnier [1] anglais qui nous aperçut. »

Alors un grand homme à figure brûlée, à l'aspect grave, un de ces hommes qu'on sent avoir traversé de longs pays inconnus, au milieu de dangers incessants, et dont l'œil tranquille semble garder, dans sa profondeur, quelque chose des paysages étranges qu'il a vus ; un de ces hommes qu'on devine trempés [2] dans le courage, parla pour la première fois :

« Vous dites, commandant, que vous avez eu peur ; je n'en crois rien. Vous vous trompez sur le mot et sur la sensation que vous avez éprouvée. Un homme énergique n'a jamais peur en face du danger pressant. Il est ému, agité, anxieux ; mais la peur, c'est autre chose. »

Le commandant reprit en riant :

1. *Charbonnier* (m.) : navire qui transporte du charbon.
2. *Trempé* : ici, durci par l'expérience, très énergique, aguerri.

« Fichtre [1] ! je vous réponds bien que j'ai eu peur, moi. »

Alors l'homme au teint bronzé prononça d'une voix lente :

« Permettez-moi de m'expliquer ! La peur (et les hommes les plus hardis peuvent avoir peur), c'est quelque chose d'effroyable, une sensation atroce, comme une décomposition de l'âme, un spasme affreux de la pensée et du cœur, dont le souvenir seul donne des frissons d'angoisse. Mais cela n'a lieu, quand on est brave [2], ni devant une attaque, ni devant la mort inévitable, ni devant toutes les formes connues du péril : cela a lieu dans certaines circonstances anormales, sous certaines influences mystérieuses, en face de risques vagues. La vraie peur, c'est quelque chose comme une réminiscence des terreurs fantastiques d'autrefois. Un homme qui croit aux revenants [3], et qui s'imagine apercevoir un spectre dans la nuit, doit éprouver la peur en toute son épouvantable horreur. »

1. *Fichtre !* (fam. ; expr. vieillie) : interjection qui exprime dans cette réplique une divergence d'opinion.
2. *Brave* : courageux au combat, devant une attaque, une menace, un péril.
3. *Revenant* (m.) : fantôme, apparition.

La Peur

Moi, j'ai deviné la peur en plein jour, il y a dix ans environ. Je l'ai ressentie, l'hiver dernier, par une nuit de décembre.

Et, pourtant, j'ai traversé bien des hasards, bien des aventures qui semblaient mortelles. Je me suis battu souvent. J'ai été laissé pour mort par des voleurs. J'ai été condamné, comme insurgé, à être pendu, en Amérique, et jeté à la mer du pont d'un bâtiment sur les côtes de Chine. Chaque fois je me suis cru perdu, j'en ai pris immédiatement mon parti [1], sans attendrissement et même sans regrets.

Mais la peur, ce n'est pas cela.

Je l'ai pressentie en Afrique. Et pourtant elle est fille du Nord, le soleil la dissipe comme un brouillard. Remarquez bien ceci, messieurs. Chez les Orientaux, la vie ne compte pour rien ; on est résigné tout de suite ; les nuits sont claires et vides de légendes, les âmes aussi vides des inquiétudes sombres qui hantent [2] les cerveaux dans les pays froids. En Orient, on peut connaître la panique, on ignore la peur.

Eh bien ! voici ce qui m'est arrivé sur cette terre d'Afrique :

Je traversais les grandes dunes au sud de Ouargla [3]. C'est là un des plus étranges pays du monde. Vous connaissez le sable uni, le sable droit des interminables plages de l'Océan. Eh bien ! figure-vous l'Océan lui-même devenu sable au milieu d'un ouragan ; imaginez une tempête silencieuse de vagues immobiles en

---

1. *En prendre son parti* (expr. figée) : reconnaître, accepter les choses telles qu'elles sont, s'y résigner.
2. *Hanter* : habiter mentalement, obséder, poursuivre comme pourrait le faire un fantôme, une idée fixe. Habiter (par ex. un château), en parlant d'un fantôme.
3. *Ouargla* : oasis du Sahara algérien.

poussière jaune. Elles sont hautes comme des montagnes, ces vagues inégales, différentes, soulevées tout à fait comme des flots déchaînés, mais plus grandes encore, et striées comme de la moire. Sur cette mer furieuse, muette et sans mouvement, le dévorant soleil du sud verse sa flamme implacable et directe. Il faut gravir [1] ces lames de cendre d'or, redescendre, gravir encore, gravir sans cesse, sans repos et sans ombre. Les chevaux râlent, enfoncent jusqu'aux genoux, et glissent en dévalant [2] l'autre versant des surprenantes collines.

Nous étions deux amis suivis de huit spahis [3] et de quatre chameaux avec leurs chameliers. Nous ne parlions plus, accablés [4] de chaleur, de fatigue, et desséchés de soif comme ce désert ardent. Soudain un de ces hommes poussa une sorte de cri ; tous s'arrêtèrent ; et nous demeurâmes immobiles, surpris par un inexplicable phénomène connu des voyageurs en ces contrées perdues.

Quelque part, près de nous, dans une direction indéterminée, un tambour battait, le mystérieux tambour des dunes ; il battait distinctement, tantôt plus vibrant, tantôt affaibli, arrêtant, puis reprenant son roulement fantastique.

Les Arabes, épouvantés, se regardaient ; et l'un dit, en sa langue : « La mort est sur nous. » Et voilà que tout

---

1. *Gravir* : monter en faisant un effort.
2. *Glisser en dévalant l'autre versant* : se déplacer brusquement sur une surface lisse, en descendant à toute vitesse l'autre versant.
3. *Spahi* (m.) : sous la colonisation, soldat de cavalerie d'Afrique du Nord, recruté par l'armée française.
4. *Accablé* : surchargé, opprimé, écrasé.

à coup mon compagnon, mon ami, presque mon frère, tomba de cheval, la tête en avant, foudroyé [1] par une insolation.

Et pendant deux heures, pendant que j'essayais en vain de le sauver, toujours ce tambour insaisissable [2] m'emplissait l'oreille de son bruit monotone, intermittent et incompréhensible ; et je sentais se glisser dans mes os la peur, la vraie peur, la hideuse [3] peur, en face de ce cadavre aimé, dans ce trou incendié par le soleil entre quatre monts de sable, tandis que l'écho inconnu nous jetait, à deux cents lieues de tout village français, le battement rapide du tambour.

Ce jour-là, je compris ce que c'était que d'avoir peur ; je l'ai su mieux encore une autre fois...

Le commandant interrompit le conteur :
« Pardon, monsieur, mais ce tambour ? Qu'était-ce ? »
Le voyageur répondit :

Je n'en sais rien. Personne ne sait. Les officiers, surpris souvent par ce bruit singulier, l'attribuent généralement à l'écho grossi, multiplié, démesurément enflé par les vallonnements des dunes, d'une grêle [4] de grains de sable emportés dans le vent et heurtant une touffe d'herbes sèches [5] ; car on a toujours remarqué que le phénomène se produit dans le voisinage de

---

1. *Foudroyé* : frappé brusquement, tué comme par la foudre.
2. *Insaisissable* : énigmatique, inexplicable.
3. *Hideux* : horrible, répugnant, d'une laideur repoussante.
4. *Grêle* (f.) : pluie congelée qui tombe par grains; ici, au sens figuré.
5. *Heurter une touffe d'herbes sèches* : frapper un ensemble naturel d'herbes sèches.

« Nous ne parlions plus ... desséchés de soif comme ce désert ardent. »

petites plantes brûlées par le soleil, et dures comme du parchemin [1].

Ce tambour ne serait donc qu'une sorte de mirage du son. Voilà tout. Mais je n'appris cela que plus tard.

J'arrive à ma seconde émotion.

C'était l'hiver dernier, dans une forêt du nord-est de la France. La nuit vint deux heures plus tôt, tant le ciel était sombre. J'avais pour guide un paysan qui marchait

---

1. *Parchemin* (m.) : peau d'animal préparée spécialement pour l'écriture ou la reliure.

La Peur

à mon côté, par un tout petit chemin, sous une voûte de sapins dont le vent déchaîné [1] tirait des hurlements. Entre les cimes, je voyais courir des nuages en déroute [2], des nuages éperdus qui semblaient fuir devant une épouvante. Parfois, sous une immense rafale, toute la forêt s'inclinait dans le même sens avec un gémissement de souffrance, et le froid m'envahissait, malgré mon pas rapide et mon lourd vêtement.

Nous devions souper [3] et coucher chez un garde forestier dont la maison n'était plus éloignée de nous. J'allais là pour chasser.

Mon guide, parfois, levait les yeux et murmurait : « Triste temps ! » Puis il me parla des gens chez qui nous arrivions. Le père avait tué un braconnier deux ans auparavant, et, depuis ce temps, il semblait sombre, comme hanté d'un souvenir. Ses deux fils, mariés, vivaient avec lui.

Les ténèbres étaient profondes. Je ne voyais rien devant moi, ni autour de moi, et toute la branchure des arbres entrechoqués [4] emplissait la nuit d'une rumeur incessante. Enfin, j'aperçus une lumière, et bientôt mon compagnon heurtait une porte. Des cris aigus de femmes nous répondirent. Puis, une voix d'homme, une voix étranglée, demanda : « Qui va là ? » Mon guide se nomma. Nous entrâmes. Ce fut un inoubliable tableau.

---

1. *Déchaîné* : extrêmement violent, sans limites.
2. *En déroute* : en fuite désordonnée et précipitée, comme des soldats vaincus et pris de panique.
3. *Souper* : prendre le repas du soir ou un repas à une heure avancée de la nuit.
4. *La branchure des arbres entrechoqués* : l'ensemble des ramifications des arbres qui se heurtent.

Un vieux homme à cheveux blancs, à l'œil fou, le fusil chargé dans la main, nous attendait debout au milieu de la cuisine, tandis que deux grands gaillards [1], armés de haches, gardaient la porte. Je distinguai dans les coins sombres deux femmes à genoux, le visage caché contre le mur.

On s'expliqua. Le vieux remit son arme contre le mur et ordonna de préparer ma chambre ; puis, comme les femmes ne bougeaient point, il me dit brusquement :

« Voyez-vous, monsieur, j'ai tué un homme, voilà deux ans cette nuit. L'autre année, il est revenu m'appeler. Je l'attends encore ce soir. »

Puis il ajouta d'un ton qui me fit sourire :

« Aussi, nous ne sommes pas tranquilles. »

Je le rassurai comme je pus, heureux d'être venu justement ce soir-là, et d'assister au spectacle de cette terreur superstitieuse. Je racontai des histoires, et je parvins à calmer à peu près tout le monde.

Près du foyer, un vieux chien, presque aveugle et moustachu, un de ces chiens qui ressemblent à des gens qu'on connaît, dormait le nez dans ses pattes.

Au dehors, la tempête acharnée battait la petite maison, et, par un étroit carreau, une sorte de judas [2] placé près de la porte, je voyais soudain tout un fouillis [3] d'arbres bousculés par le vent à la lueur de grands éclairs.

Malgré mes efforts, je sentais bien qu'une terreur profonde tenait ces gens, et chaque fois que je cessais

---

1. *Gaillard* (m.) : jeune homme vigoureux.
2. *Un étroit carreau, une sorte de judas* : une petite vitre placée dans une ouverture pratiquée dans le mur, pour voir sans être vu.
3. *Fouillis* (m.) : amas confus, désordonné.

« ... toute la branchure des arbres entrechoqués emplis-
sant la nuit d'une rumeur incessante. »

de parler, toutes les oreilles écoutaient au loin. Las [1] d'assister à ces craintes imbéciles, j'allais demander à me coucher, quand le vieux garde tout à coup fit un bond de sa chaise, saisit de nouveau son fusil, en bégayant [2] d'une voix égarée [3] : « Le voilà le voilà ! Je l'entends ! » Les deux femmes retombèrent à genoux dans leurs coins en se cachant le visage ; et les fils reprirent leurs haches. J'allais tenter encore de les apaiser, quand le chien endormi s'éveilla brusquement et, levant sa tête, tendant le cou, regardant vers le feu de son œil presque éteint, il poussa un de ces lugubres hurlements qui font tressaillir les voyageurs, le soir, dans la campagne. Tous les yeux se portèrent sur lui, il restait maintenant immobile, dressé sur ses pattes comme hanté d'une vision, et il se remit à hurler vers quelque chose d'invisible, d'inconnu, d'affreux sans doute, car tout son poil se hérissait [4]. Le garde, livide, cria : « Il le sent ! il le sent ! il était là quand je l'ai tué. » Et les femmes égarées se mirent, toutes les deux, à hurler avec le chien.

Malgré moi, un grand frisson me courut entre les épaules. Cette vision de l'animal dans ce lieu, à cette heure, au milieu de ces gens éperdus, était effrayante à voir.

Alors, pendant une heure, le chien hurla sans bouger ; il hurla comme dans l'angoisse d'un rêve ; et la peur, l'épouvantable peur entrait en moi ; la peur de quoi ? Le sais-je ? C'était la peur, voilà tout.

Nous restions immobiles, livides, dans l'attente d'un

---

1. *Las* (f., *lasse*) : un peu fatigué et dégoûté.
2. *Bégayer* : parler avec difficulté et en répétant certains sons.
3. *Égaré* : perdu, dérouté; qui divague.
4. *Se hérisser* : se dresser, dans le contexte donné, sous l'effet de la peur.

événement affreux, l'oreille tendue, le cœur battant, bouleversés au moindre bruit. Et le chien se mit à tourner autour de la pièce, en sentant les murs et gémissant toujours. Cette bête nous rendait fous ! Alors, le paysan qui m'avait amené, se jeta sur elle, dans une sorte de paroxysme de terreur furieuse, et, ouvrant une porte donnant sur une petite cour, jeta l'animal dehors.

Il se tut aussitôt ; et nous restâmes plongés dans un silence plus terrifiant encore. Et soudain, tous ensemble, nous eûmes une sorte de sursaut : un être glissait contre le mur du dehors vers la forêt ; puis il passa contre la porte, qu'il sembla tâter, d'une main hésitante ; puis on n'entendit plus rien pendant deux minutes qui firent de nous des insensés ; puis il revint, frôlant toujours la muraille ; et il gratta légèrement, comme ferait un enfant avec son ongle ; puis soudain une tête apparut contre la vitre du judas, une tête blanche avec des yeux lumineux comme ceux des fauves [1]. Et un son sortit de sa bouche, un son indistinct, un murmure plaintif [2].

Alors un bruit formidable éclata dans la cuisine. Le vieux garde avait tiré. Et aussitôt les fils se précipitèrent, bouchèrent [3] le judas en dressant la grande table qu'ils assujettirent [4] avec le buffet.

Et je vous jure qu'au fracas du coup de fusil que je n'attendais point, j'eus une telle angoisse du cœur, de l'âme et du corps, que je me sentis défaillir, prêt à mourir de peur.

Nous restâmes là jusqu'à l'aurore, incapables de

---

1. *Fauve* (m.) : animal sauvage, féroce.
2. *Plaintif* : qui a la sonorité d'une lamentation, d'un gémissement.
3. *Boucher* : fermer hermétiquement.
4. *Assujettir* : ici, fixer, bloquer.

bouger, de dire un mot, crispés dans un affolement indicible.

On n'osa débarricader la sortie qu'en apercevant, par la fente d'un auvent [1], un mince rayon de jour.

Au pied du mur, contre la porte, le vieux chien gisait, la gueule brisée d'une balle.

Il était sorti de la cour en creusant un trou sous une palissade.

L'homme au visage brun se tut ; puis il ajouta :

« Cette nuit-là pourtant, je ne courus aucun danger ; mais j'aimerais mieux recommencer toutes les heures où j'ai affronté les plus terribles périls, que la seule minute du coup de fusil sur la tête barbue du judas. »

Le Gaulois, 23 octobre 1882

1. *Par la fente d'un auvent* : à travers une petite ouverture étroite et longue, d'une persienne ou d'un petit toit au-dessus d'une porte.

A n a l y s e

L'agencement du texte

1. Le voyage est la situation directrice de ce conte. Énumérez les voyages qui sont évoqués dans le texte et précisez pour chacun d'eux les circonstances données: participants et liens entre eux, modalités de déplacement, objectif et destination, saison et conditions atmosphériques, etc. Appréciez la distance qui se crée ainsi entre l'*ici* et l'*ailleurs*.

2. Le récit-cadre : « On remonta sur le pont après dîner (...) Le commandant, qui fumait un cigare au milieu de nous, reprit soudain la conversation du dîner » (pp. 46-47). *Remonter, reprendre* : l'incipit s'inscrit dans la continuité. Montrez comment l'usage des pronoms personnels (*on... nous...*) situe dans ce cadre, sans le définir, le premier narrateur anonyme. Retenez ce premier glissement d'un conteur à l'autre.

3. Les récits dans les récits. Le troisième narrateur, qui assumera la fonction de conteur principal, annonce son projet narratif en ces termes : « Moi, j'ai deviné la peur en plein jour, il y a dix ans environ. Je l'ai ressentie, l'hiver dernier, par une nuit de décembre » (p. 49). Analysez cette transition et mettez en relief sa place dans la structure globale du récit.

4. Commentaires d'ordre général et événements précis : montrez comment ces optiques alternent dans les mots du conteur principal. Peut-on tirer de ce texte une orientation pour un essai de théorisation sur la peur ?

5. La chute (p. 58) : le cadre reste ouvert, car il n'y a aucun retour sur le voyage en mer vers l'Afrique. Pourtant, il y a fermeture: vers quoi et comment est orientée toute l'attention du lecteur dans cet épilogue ? Commentez l'intensité de ce contraste ouverture/fermeture.

Point de vue et narration

1. L'espace : la mer/les dunes/la montagne, la nuit/le jour, la chaleur/le froid, etc. Montrez comment, dans cette optique, les épisodes contés s'opposent l'un à l'autre. En outre, quelle place occupe le vent (son absence/sa présence) dans ce conte ?

2. Les dunes : le paragraphe consacré à leur description (« Je traversais les grandes dunes (...) surprenantes collines », pp. 49-50) est riche en images et comparaisons. À quoi renvoient-elles ? Comment cette description peut-elle se relier aux autres épisodes évoqués dans le texte ?

3. Le conteur : « Alors un grand homme à *figure brûlée* parla pour la première fois : » ... (p. 47). Analysez ce portrait. Un peu plus loin, le conteur anonyme est appelé « l'homme *au teint bronzé* » (p. 48) et, à la fin du récit, « l'homme *au visage brun* » (p. 58). Ces modalités de désignation sont-elles tout à fait équivalentes ? Dans quel sens évolue, grâce à ces choix linguistiques, notre perception du personnage ?

4. Les sons : ils sont nombreux dans ce texte. Quels sont, d'après vous, les plus frappants ? Quelle fonction ont-ils dans la structure de chacun des récits contés ?

A n a l y s e

Aspects chronologiques et rythme narratif

1. « Ce tambour ne serait donc qu'une sorte de mirage du son. Voilà tout. Mais je n'appris cela que plus tard. J'arrive à ma seconde émotion » (p. 52). Commentez cette transition. En quoi consiste son efficacité ?

2. « Voyez-vous, Monsieur, j'ai tué un homme, voilà deux ans, cette nuit. L'autre année, il est revenu m'appeler. Je l'attends encore ce soir » (p. 54). Ainsi allons-nous « assister au spectacle de cette terreur superstitieuse » (p. 54). Peut-on dire que le déroulement du récit confirmera cette prévision et qu'en même temps, en quelque sorte, il s'en éloignera ?

3. Les dénouements : le chien « était sorti de la cour en creusant un trou dans la palissade » (p. 58). Quel effet a sur le lecteur cette très brève explication ? Comparez-la à celle qui clôt l'épisode du désert.

A n a l y s e

Sur quelques choix linguistiques

1. L'œil du conteur semble *garder* « quelque chose des paysages étranges qu'il a vus » (p. 47). Deux grands gaillards, «armés de haches, *gardaient* la porte » (p. 54). Le verbe *garder* a plusieurs acceptions : par ex. garder une lettre ; son sang froid ; un malade ; un secret ; la place à quelqu'un. Proposez pour chacune de ces acceptions un bref exemple d'emploi.

2. *En d'autres termes.* Relevez dans les répliques suivantes les mots et les tournures propres à l'oral :
   – « Fichtre ! Je vous réponds bien que j'ai eu peur, moi » (p. 48) ;
   – « Eh bien ! voici ce qui m'est arrivé sur cette terre d'Afrique » (p. 49) ;
   – « Pardon, monsieur, mais ce tambour ? Qu'était-ce ? » (p. 51).
   Compte tenu du contexte donné, reformulez ces phrases en exprimant la même intention en d'autres termes.

3. *Nuances* : « accablé de » fatigue (p. 50) : très fatigué. Bien d'autres adjectifs ont à peu près le même sens ; nous en proposons une série dans le tableau suivant, en vous invitant à préciser pour chacun de ces termes (de préférence à l'aide d'un dictionnaire monolingue) :
   – si son usage est considéré comme courant (*cour.*), familier (*fam.*) ou populaire (*pop.*) ;
   – si, en tant que synonyme de (très) fatigué, son sens est propre (*pr.*) ou figuré (*fig.*) ;
   – l'infinitif et l'adjectif en *ant* correspondants :

A n a l y s e

adj. en « é »	usage	sens	infinitif	adj. en « ant »
accablé				
claqué	*pop.*	*fig.*	*claquer*	*claquant*
crevé				
épuisé				
éreinté				
fatigué				
harassé				
lessivé				

4. Dans la maison du garde forestier, le *judas* est placé près de la porte. Où place-t-on généralement un œil-de-bœuf, une lucarne, un vasistas et dans quel but ?

5. *soudain, (et voilà que) tout à coup, brusquement, aussitôt, bientôt :* Maupassant multiplie dans *La Peur* l'emploi de ces adverbes et locutions de temps. Comparez brièvement l'usage courant de ces mots.

A n a l y s e

Étude d'extraits

1. « Près du foyer, un vieux chien » ... Complétez ce portrait en remettant dans l'ordre voulu les mots suivants :
   - *presque   dans   de   et   à*
   - *aveugle   moustachu*
   - *qui   qu'on*
   - *chiens   gens   nez   pattes*
   - *dormait   connaît   ressemblent*
   - *ses   un   des   le   ces*

   Essayez de mettre une ponctuation adéquate et vérifiez ensuite l'ordre des mots à la p. 54.

2. Analysez la partie liminaire (« On remonta (...) de lune bouillonnant »), en examinant de près les choix stylistiques de l'auteur : temps et modes verbaux, organisation de l'espace, mise en lumière et couleurs, vocabulaire et images etc.

3. Choisissez à votre tour un bref passage (de 5 à 10 lignes) que vous jugez particulièrement significatif pour l'atmosphère dominante. Analysez-le et donnez-lui un titre.

Le Testament

Le Testament

À Paul Hervieu [1]

Je connaissais ce grand garçon qui s'appelait René de Bourneval. Il était de commerce aimable, bien qu'un peu triste, semblait revenu de tout [2], fort sceptique, d'un scepticisme précis et mordant, habile surtout à désarticuler d'un mot les hypocrisies mondaines. Il répétait souvent : « Il n'y a pas d'hommes honnêtes ; ou du moins ils ne le sont que relativement aux crapules [3]. »

Il avait deux frères qu'il ne voyait point, MM. de Courcils. Je le croyais d'un autre lit [4], vu leurs noms différents. On m'avait dit à plusieurs reprises qu'une

---

1. Paul Hervieu : auteur dramatique (1857-1915) encore peu connu quand Maupassant lui dédie ce conte. Il écrivit des études de mœurs et, par la suite, des pièces à thèse, consacrées surtout aux problèmes du couple et des enfants, qui eurent la faveur du public mondain de la Belle Époque.

2. *Revenu de tout* : qui n'a plus aucune illusion sur rien, à qui tout est indifférent; blasé.

3. *Crapule* (f.) : personne malhonnête, bandit, canaille.

4. *D'un autre lit* : d'un autre mariage.

histoire étrange s'était passée en cette famille, mais sans donner aucun détail.

Cet homme me plaisant tout à fait, nous fûmes bientôt liés. Un soir, comme j'avais dîné chez lui en tête-à-tête, je lui demandai par hasard : « Êtes-vous né du premier ou du second mariage de madame votre mère ? » Je le vis pâlir un peu, puis rougir ; et il demeura quelques secondes sans parler, visiblement embarrassé. Puis il sourit d'une façon mélancolique et douce qui lui était particulière, et il dit : « Mon cher ami, si cela ne vous ennuie point, je vais vous donner sur mon origine des détails bien singuliers. Je vous sais un homme intelligent, je ne crains donc pas que votre amitié en souffre, et si elle en devait souffrir, je ne tiendrais plus alors à vous avoir pour ami. »

Ma mère, Mme de Courcils, était une pauvre petite femme timide, que son mari avait épousée pour sa fortune. Toute sa vie fut un martyre. D'âme aimante, craintive, délicate, elle fut rudoyée [1] sans répit par celui qui aurait dû être mon père, un de ces rustres [2] qu'on appelle des gentilshommes campagnards. Au bout d'un mois de mariage, il vivait avec une servante. Il eut en outre pour maîtresses les femmes et les filles de ses fermiers ; ce qui ne l'empêcha point d'avoir deux enfants de sa femme ; on devrait compter trois, en me comprenant. Ma mère ne disait rien ; elle vivait dans cette maison toujours bruyante comme ces petites souris qui glissent sous les meubles. Effacée [3], disparue, frémissante, elle regardait les gens de ses yeux inquiets

---

1. *Rudoyer* : traiter très durement.
2. *Rustre* (m.) : individu brutal et grossier.
3. *Effacé* : ici (sens fig.), modeste, qui reste dans l'ombre.

et clairs, toujours mobiles, des yeux d'être effaré [1] que la peur ne quitte pas. Elle était jolie pourtant, fort jolie, toute blonde, d'un blond gris, d'un blond timide, comme si ses cheveux avaient été un peu décolorés par ses craintes incessantes.

Parmi les amis de M. de Courcils qui venaient constamment au château, se trouvait un ancien officier de cavalerie, veuf, homme redouté, tendre et violent, capable des résolutions les plus énergiques, M. de Bourneval, dont je porte le nom. C'était un grand gaillard maigre, avec de grosses moustaches noires. Je lui ressemble beaucoup. Cet homme avait lu, et ne pensait nullement comme ceux de sa classe. Son arrière-grand-mère avait été une amie de J.-J. Rousseau, et on eût dit qu'il avait hérité quelque chose de cette liaison d'une ancêtre. Il savait par cœur le *Contrat social*, la *Nouvelle Héloïse* [2] et tous ces livres philosophants qui ont préparé de loin le futur bouleversement de nos antiques usages, de nos préjugés, de nos lois surannées [3], de notre morale imbécile.

Il aima ma mère, paraît-il, et en fut aimé. Cette liaison demeura tellement secrète que personne ne la soupçonna. La pauvre femme, délaissée et triste, dut s'attacher à lui d'une façon désespérée, et prendre dans son commerce [4] toutes ses manières de penser, des

---

1. *Effaré* : qui éprouve une grande peur, de l'effroi.

2. L'essai *Le Contrat social* (1762) et le roman épistolaire *Julie ou la Nouvelle Héloïse* (1761) sont parmi les œuvres les plus célèbres du philosophe suisse de langue française Jean-Jacques Rousseau (1712-1778).

3. *Suranné* : qui n'est plus en usage, qui appartient à une époque passée, révolue.

4. *Commerce* (m.) : ici (litt.), relation, fréquentation.

DU
CONTRACT SOCIAL;

OU,

PRINCIPES

DU

DROIT POLITIQUE.

Par J. J. ROUSSEAU,
CITOYEN DE GENEVE.

Dicamus leges. —— *fœderis æquas*
Æneid. XI

A AMSTERDAM,
Chez MARC MICHEL REY.
MDCCLXII.

théories de libre sentiment, des audaces d'amour indépendant ; mais, comme elle était si craintive qu'elle n'osait jamais parler haut, tout cela fut refoulé, condensé, pressé en son cœur qui ne s'ouvrit jamais.

Mes deux frères étaient durs pour elle, comme leur père, ne la caressaient point, et, habitués à ne la voir compter pour rien dans la maison, la traitaient un peu comme une bonne.

Je fus le seul de ses fils qui l'aimât vraiment et qu'elle aimât.

Elle mourut. J'avais alors dix-huit ans. Je dois ajouter, pour que vous compreniez ce qui va suivre, que son mari était doté d'un conseil judiciaire [1], qu'une séparation de biens avait été prononcée au profit de ma mère, qui avait conservé, grâce aux artifices de la loi et au dévouement intelligent d'un notaire, le droit de tester à sa guise [2].

Nous fûmes donc prévenus qu'un testament existait chez ce notaire, et invités à assister à la lecture.

Je me rappelle cela comme d'hier. Ce fut une scène grandiose, dramatique, burlesque, surprenante, amenée par la révolte posthume de cette morte, par ce cri de liberté, cette revendication du fond de la tombe de cette martyre écrasée par nos mœurs durant sa vie,

---

1. *Conseil judiciaire* (m., jur.) : personne désignée par la justice pour assister un individu qui a été déclaré incapable de gérer ses biens.

2. *Tester* (jur.) *à sa guise* : faire un testament librement, sans tenir compte d'aucune contrainte. L. Forestier nous apprend que, trois jours après la parution de ce conte : « Dans une chronique intitulée *Adultérin* (*Gil Blas*, 10 novembre 1882), Émile Villemot y fait allusion ; il loue " Maufrigneuse " de sa position humanitaire et de son talent, mais il déclare le testament de l'héroïne nul aux yeux de la loi » (in *C.N.*, tome I, p. 1480).

et qui jetait, de son cercueil clos, un appel désespéré vers l'indépendance.

Celui qui se croyait mon père, un gros homme sanguin éveillant l'idée d'un boucher, et mes frères, deux forts garçons de vingt et de vingt-deux ans, attendaient tranquilles sur leurs sièges. M. de Bourneval, invité à se présenter, entra et se plaça derrière moi. Il était serré dans sa redingote, fort pâle, et il mordillait souvent sa moustache, un peu grise à présent. Il s'attendait sans doute à ce qui allait se passer.

Le notaire ferma la porte à double tour et commença la lecture, après avoir décacheté devant nous l'enveloppe scellée [1] à la cire rouge et dont il ignorait le contenu.

Brusquement mon ami se tut, se leva, puis il alla prendre dans son secrétaire un vieux papier, le déplia, le baisa longuement, et il reprit :

Voici le testament de ma bien-aimée mère :

« Je, soussignée, Anne-Catherine-Geneviève-Mathilde de Croixluce, épouse légitime de Jean-Léopold-Joseph-Gontran de Courcils, saine de corps et d'esprit, exprime ici mes dernières volontés.

« Je demande pardon à Dieu d'abord, et ensuite à mon cher fils René, de l'acte que je vais commettre. Je crois mon enfant assez grand de cœur pour me comprendre et me pardonner. J'ai souffert toute ma vie. J'ai été épousée par calcul, puis méprisée, méconnue, opprimée, trompée sans cesse par mon mari.

« Je lui pardonne, mais je ne lui dois rien.

---

1. *Après avoir décacheté devant nous l'enveloppe scellée* : après avoir ouvert la lettre qui portait un *sceau* (un cachet de cire).

« Mes fils aînés ne m'ont point aimée, ne m'ont point gâtée [1], m'ont à peine traitée comme une mère.

« J'ai été pour eux, durant ma vie, ce que je devais être ; je ne leur dois plus rien après ma mort. Les liens du sang n'existent pas sans l'affection constante, sacrée, de chaque jour. Un fils ingrat est moins qu'un étranger ; c'est un coupable, car il n'a pas le droit d'être indifférent pour sa mère.

« J'ai toujours tremblé devant les hommes, devant leurs lois iniques, leurs coutumes inhumaines, leurs préjugés infâmes. Devant Dieu, je ne crains plus. Morte, je rejette de moi la honteuse hypocrisie ; j'ose dire ma pensée, avouer et signer le secret de mon cœur.

« Donc, je laisse en dépôt toute la partie de ma fortune dont la loi me permet de disposer, à mon amant bien-aimé Pierre-Germer-Simon de Bourneval, pour revenir ensuite à notre cher fils René.

(Cette volonté est formulée en outre, d'une façon plus précise, dans un acte notarié.)

« Et, devant le Juge suprême qui m'entend, je déclare que j'aurais maudit le ciel et l'existence si je n'avais rencontré l'affection profonde, dévouée, tendre, inébranlable [2] de mon amant, si je n'avais compris dans ses bras que le Créateur a fait les êtres pour s'aimer, se soutenir, se consoler, et pleurer ensemble dans les heures d'amertume.

---

1. *Gâter* : ici, traiter quelqu'un avec beaucoup de gentillesse, d'affection, d'attentions.
2. *Inébranlable* : extrêmement ferme et constant, impossible à détruire.

Le Testament

« Mes deux fils aînés ont pour père M. de Courcils, René seul doit la vie à M. de Bourneval. Je prie le Maître des hommes et de leurs destinées de placer au-dessus des préjugés sociaux le père et le fils, de les faire s'aimer jusqu'à leur mort et m'aimer encore dans mon cercueil.

« Tels sont ma dernière pensée et mon dernier désir.

« MATHILDE DE CROIXLUCE. »

M. de Courcils s'était levé ; il cria : « C'est là le testament d'une folle ! » Alors M. de Bourneval fit un pas et déclara d'une voix forte, d'une voix tranchante : « Moi, Simon de Bourneval, je déclare que cet écrit ne renferme que la stricte vérité. Je suis prêt à le prouver même par les lettres que j'ai. »

Alors M. de Courcils marcha vers lui. Je crus qu'ils allaient se colleter [1]. Ils étaient là, grands tous deux, l'un gros, l'autre maigre, frémissants. Le mari de ma mère articula en bégayant : « Vous êtes un misérable ! » L'autre prononça du même ton vigoureux et sec : « Nous nous retrouverons autre part, monsieur. Je vous aurais déjà souffleté [2] et provoqué depuis longtemps si je n'avais tenu avant tout à la tranquillité, durant sa vie, de la pauvre femme que vous avez tant fait souffrir. »

Puis il se tourna vers moi : « Vous êtes mon fils. Voulez-vous me suivre ? Je n'ai pas le droit de vous emmener, mais je le prends, si vous voulez bien m'accompagner. »

---

1. *Colleter* : prendre quelqu'un au collet pour le battre, le frapper.
2. *Souffleter* : gifler. Frapper quelqu'un d'un soufflet équivalait à le provoquer en duel. Bien qu'interdit par la loi, le duel était encore pratiqué à l'époque. Voir à ce sujet la chronique de Maupassant, *Le Duel*, reproduite *infra*.

Je lui serrai la main sans répondre. Et nous sommes sortis ensemble. J'étais, certes, aux trois quarts fou.

Deux jours plus tard M. de Bourneval tuait en duel M. de Courcils. Mes frères, par crainte d'un affreux scandale, se sont tus. Je leur ai cédé et ils ont accepté la moitié de la fortune laissée par ma mère.

J'ai pris le nom de mon père véritable, renonçant à celui que la loi me donnait et qui n'était pas le mien.

M. de Bourneval est mort depuis cinq ans. Je ne suis point encore consolé.

Il se leva, fit quelques pas, et, se plaçant en face de moi : « Eh bien ! je dis que le testament de ma mère est une des choses les plus belles, les plus loyales [1], les plus grandes qu'une femme puisse accomplir. N'est-ce pas votre avis ? »

Je lui tendis les deux mains : « Oui, certainement, mon ami. »

Gil Blas, 7 novembre 1882
Signé Maufrigneuse

---

1. *Loyal* : honnête, droit, juste.

« Nous nous retrouverons autre part, monsieur. »

Analyse

L'agencement du texte

1. Le cadre (pp. 66-67) : comme dans plusieurs contes de Maupassant, ce récit naît d'une énigme. Ici, un premier narrateur anonyme pose une question et cède la parole à son interlocuteur. Rappelez les circonstances de cette prise de parole, les liens qui unissent ces deux personnages, l'atmosphère qui s'établit entre eux.

2. Le récit à la première personne (pp. 67-71) : de la biographie à l'autobiographie. Bourneval esquisse pour son ami la vie de sa mère. Quelle place occupe dans son récit la lecture qu'il fait à haute voix du testament de celle-ci ? Appréciez les modalités de la transition : « Brusquement mon ami se tut (...) et il reprit : » (p. 71).

3. Le testament est une forme particulière de lettre. Relevez dans le texte de Mathilde de Croixluce (pp. 71-73) les formules usuelles qui distinguent le testament d'une lettre ordinaire. En revanche, en quoi ce texte est-il insolite par rapport au " style testamentaire " conventionnel ? Mettez en lumière quelques-uns de ces contrastes.

4. Écriture, lecture, relecture : autant de phases qui, comme souvent dans le réalité et dans la fiction épistolaires, caractérisent le " document "–lettre. Montrez l'importance et la spécificité de ces phases dans le contexte donné. Quels sentiments communiquent au lecteur certains aspects explicités (tel que le détail de l'enveloppe scellée, puis décachetée) ou implicites, comme l'écriture manuscrite ?

5. La chute (p. 74) : mettez en relief l'atmosphère qui se crée dans la fermeture du cadre.

A n a l y s e

Aspects chronologiques et rythme narratif

1. « Ma mère, Mme de Courcils (...) par ses craintes incessantes » (pp. 67-68) : appréciez dans ce paragraphe l'alternance des temps verbaux (imparfait/passé simple).

2. « Je me rappelle cela comme d'hier » ... (p. 70) : à votre tour de continuer ! Oralement ou par écrit, imaginez ou revoyez un événement du passé pour l'évoquer très brièvement.

3. « Ce fut une scène grandiose, dramatique, burlesque, surprenante » (p. 70) : commentez l'accumulation de ces adjectifs. « Celui qui se croyait mon père (...) dont il ignorait le contenu » (p. 71) : quels sont les choix stylistiques (description, mouvements et actions des personnages) qui constituent la théâtralité de cette scène ?

Sur quelques choix linguistiques

1. **En d'autres termes.** Il « semblait *revenu* de tout » (p. 66) : il semblait tout à fait blasé. Le verbe *revenir* a plusieurs acceptions, selon ses différentes constructions, par ex. : revenir *sur* quelque chose ; revenir *à* quelque chose (à nos moutons) ; revenir *au même* ; revenir *à* (la mémoire) ; *n'en pas* revenir etc. Proposez quelques exemples d'emploi pour ces constructions et expliquez-en brièvement le sens en d'autres termes.

2. « Il *mordillait* souvent sa moustache » (p. 71). *Mordiller* : mordre légèrement et plusieurs fois de suite. Vérifiez le sens des verbes *sautiller, mangeotter, trottiner*. Quel est le trait qui unit ces formes verbales ?

Analyse

3. De préférence à l'aide d'un dictionnaire monolingue, évaluez la distance qui sépare les deux acceptions principales du verbe *gâter* (p. 72), et certains de ses équivalents possibles :
   – détériorer, abîmer, enlaidir, gâcher ;
   – choyer, câliner, dorloter, chouchouter .
   Donnez de brefs exemples d'emploi pour quelques-uns de ces verbes.

Étude d'extraits

1. *fort, rien, souris, incessantes, bruyante, pourtant, effacée, cheveux, de, effaré*

   Replacez ces termes dans l'ordre voulu pour compléter le portrait de l'héroïne:

   « Ma mère ne disait ....; elle vivait dans cette maison toujours .... comme ces petites .... qui glissent sous les meubles. ...., disparue, frémissante, elle regardait les gens .... ses yeux inquiets et clairs, toujours mobiles, des yeux d'être .... que la peur ne quitte pas. Elle était jolie ...., ... jolie, toute blonde d'un blond gris, d'un blond timide; comme si ses .... avaient été un peu décolorés par ses craintes .... ». Vérifiez l'ordre des mots pp. 67-68.

2. Les autres personnages de ce conte (le premier narrateur, les deux pères, les trois frères, le notaire) sont vus d'une façon plus ou moins floue, plus ou moins précise. Choisissez un de ces personnages et étudiez-en les modalités de présentation par rapport aux autres portraits esquissés dans ce récit.

En voyage

En voyage

À Gustave Toudouze [1]

I

Le wagon était au complet depuis Cannes ; on causait, tout le monde se connaissait. Lorsqu'on passa Tarascon, quelqu'un dit : « C'est ici qu'on assassine [2]. » Et on se mit à parler du mystérieux et insaisissable meurtrier qui, depuis deux ans, s'offre, de temps en temps, la vie d'un voyageur. Chacun faisait des suppositions, chacun donnait son avis ; les femmes regardaient en frissonnant la nuit sombre derrière les vitres, avec la peur de voir apparaître soudain une tête d'homme à la portière. Et on

---

1. Gustave Toudouze (1847-1904) : romancier et critique d'art, ami de Maupassant et de Flaubert.

2. *Cannes* : une des principales stations balnéaires de la Côte d'Azur. *Tarascon*, petite ville de la Provence, célébrée par Alphonse Daudet dans son roman *Tartarin de Tarascon* (1872). « Entre 1882 et 1883 », année où parut ce conte, « des assassinats en chemin de fer avaient été commis dans la région de Tarascon et relatés par *Le Petit Provençal* » (L. Forestier, in *C.N.*, tome I, p. 1529).

se mit à raconter des histoires effrayantes de mauvaises rencontres, des tête-à-tête avec des fous dans un rapide, des heures passées en face d'un personnage suspect.

Chaque homme savait une anecdote à son honneur, chacun avait intimidé, terrassé [1] et garrotté [2] quelque malfaiteur en des circonstances surprenantes, avec une présence d'esprit et une audace admirables. Un médecin, qui passait chaque hiver dans le Midi, voulut à son tour conter une aventure :

Moi, dit-il, je n'ai jamais eu la chance d'expérimenter mon courage dans une affaire de cette sorte ; mais j'ai connu une femme, une de mes clientes, morte aujourd'hui, à qui arriva la plus singulière chose du monde, et aussi la plus mystérieuse et la plus attendrissante [3].

C'était une Russe, la comtesse Marie Baranow, une très grande dame, d'une exquise beauté. Vous savez comme les Russes sont belles, du moins comme elles nous semblent belles, avec leur nez fin, leur bouche délicate, leurs yeux rapprochés, d'une indéfinissable couleur, d'un bleu gris, et leur grâce froide, un peu dure ! Elles ont quelque chose de méchant et de séduisant, d'altier et de doux, de tendre et de sévère, tout à fait charmant pour un Français. Au fond, c'est peut-être seulement la différence de race et de type qui me fait voir tant de choses en elles.

Son médecin, depuis plusieurs années, la voyait

---

1. *Terrasser* : renverser, jeter quelqu'un à terre.

2. *Garrotter* : immobiliser quelqu'un en le liant.

3. *Attendrissant* : touchant, émouvant.

Au restaurant de l'Express-Orient.

À Cannes sur la Croisette.

menacée d'une maladie de poitrine et tâchait [1] de la décider à venir dans le Midi de la France ; mais elle refusait obstinément de quitter Pétersbourg [2]. Enfin l'automne dernier, la jugeant perdue, le docteur prévint le mari qui ordonna aussitôt à sa femme de partir pour Menton [3].

Elle prit le train, seule dans son wagon, ses gens de service occupant un autre compartiment. Elle restait contre la portière, un peu triste, regardant passer les campagnes et les villages, se sentant bien isolée, bien abandonnée dans la vie, sans enfants, presque sans parents, avec un mari dont l'amour était mort et qui la jetait ainsi au bout du monde sans venir avec elle, comme on envoie à l'hôpital un valet malade.

À chaque station, son serviteur Ivan venait s'informer si rien ne manquait à sa maîtresse. C'était un vieux domestique aveuglément dévoué, prêt à accomplir tous les ordres qu'elle lui donnerait.

La nuit tomba, le convoi roulait à toute vitesse. Elle ne pouvait dormir, énervée à l'excès. Soudain la pensée lui vint de compter l'argent que son mari lui avait remis à la dernière minute, en or de France. Elle ouvrit son petit sac et vida [4] sur ses genoux le flot luisant de métal.

Mais tout à coup un souffle d'air froid lui frappa le visage. Surprise, elle leva la tête. La portière venait de s'ouvrir. La comtesse Marie, éperdue, jeta brusquement un châle sur son argent répandu dans sa robe, et attendit.

---

1. *Tâcher de* : essayer de; s'efforcer de.

2. *Pétersbourg* : Saint-Pétersbourg (Petrograd de 1914 à 1924, puis Leningrad, et aujourd'hui à nouveau Saint-Pétersbourg), premier port maritime et fluvial de la Russie.

3. *Menton* : station touristique de la Côte d'Azur.

4. *Vider* : ici, verser, faire descendre le contenu.

En voyage

Quelques secondes s'écoulèrent [1], puis un homme parut, nu-tête, blessé à la main, haletant, en costume de soirée. Il referma la porte, s'assit, regarda sa voisine avec des yeux luisants, puis enveloppa d'un mouchoir son poignet dont le sang coulait.

La jeune femme se sentait défaillir de peur. Cet homme, certes, l'avait vue compter son or, et il était venu pour la voler et la tuer.

Il la fixait toujours, essoufflé, le visage convulsé, prêt à bondir [2] sur elle sans doute [3].

Il dit brusquement :

« Madame, n'ayez pas peur ! »

Elle ne répondit rien, incapable d'ouvrir la bouche, entendant son cœur battre et ses oreilles bourdonner [4].

Il reprit :

« Je ne suis pas un malfaiteur, madame. »

Elle ne disait toujours rien, mais, dans un brusque mouvement qu'elle fit, ses genoux s'étant rapprochés, son or se mit à couler sur le tapis comme l'eau coule d'une gouttière.

L'homme, surpris, regardait ce ruisseau de métal, et il se baissa tout à coup pour le ramasser.

Elle, effarée, se leva, jetant à terre toute sa fortune, et elle courut à la portière pour se précipiter sur la voie [5]. Mais il comprit ce qu'elle allait faire, s'élança, la saisit

---

1. *S'écouler* (fig.) : passer, en parlant du temps.

2. *Bondir* : sauter brusquement, s'élancer. Subst. : *bond* (m.).

3. *Sans doute* : probablement, selon les apparences (= point de vue subjectif).

4. *Bourdonner* : produire un bruit léger et continu, semblable à celui que font certains insectes (notamment le bourdon) en volant.

5. *Voie* (f.) : la voie ferrée, les rails sur lesquels roule le train.

dans ses bras, la fit asseoir de force, et la maintenant par les poignets : « Écoutez-moi, madame, je ne suis pas un malfaiteur, et, la preuve, c'est que je vais ramasser cet argent et vous le rendre. Mais je suis un homme perdu, un homme mort, si vous ne m'aidez pas à passer la frontière. Je ne puis vous en dire davantage. Dans une heure nous serons à la dernière station russe ; dans une heure vingt, nous franchirons la limite de l'Empire. Si vous ne me secourez point, je suis perdu. Et cependant, madame, je n'ai ni tué, ni volé, ni rien fait de contraire à l'honneur. Cela je vous le jure. Je ne puis vous en dire davantage. »

Et, se mettant à genoux, il ramassa l'or jusque sous les banquettes [1], cherchant les dernières pièces roulées au loin. Puis, quand ce petit sac de cuir fut plein de nouveau, il le remit à sa voisine sans ajouter un mot, et il retourna s'asseoir à l'autre coin du wagon.

Ils ne remuaient plus ni l'un ni l'autre. Elle demeurait [2] immobile et muette, encore défaillante de terreur, mais s'apaisant [3] peu à peu. Quant à lui, il ne faisait pas un geste, pas un mouvement ; il restait droit, les yeux fixés devant lui, très pâle, comme s'il eût été mort. De temps en temps elle jetait vers lui un regard brusque, vite détourné [4]. C'était un homme de trente ans environ, fort beau, avec toute l'apparence d'un gentilhomme.

Le train courait dans les ténèbres, jetait par la nuit ses appels déchirants, ralentissait parfois sa marche, puis repartait à toute vitesse. Mais soudain il calma son

---

1. *Banquette* (f.) : siège dans un compartiment de train.
2. *Demeurer* : rester.
3. *S'apaiser* : se calmer.
4. *Détourné* : orienté vers une autre direction, ailleurs.

allure, siffla plusieurs fois et s'arrêta tout à fait.

Ivan parut à la portière afin de prendre les ordres.

La comtesse Marie, la voix tremblante, considéra une dernière fois son étrange compagnon, puis elle dit à son serviteur, d'une voix brusque :

« Ivan, tu vas retourner près du comte, je n'ai plus besoin de toi. »

L'homme, interdit, ouvrait des yeux énormes. Il balbutia :

« Mais... barine [1]. »

Elle reprit :

« Non, tu ne viendras pas, j'ai changé d'avis. Je veux que tu restes en Russie. Tiens, voici de l'argent pour retourner. Donne-moi ton bonnet et ton manteau. »

Le vieux domestique, effaré, se décoiffa [2] et tendit son manteau, obéissant toujours sans répondre, habitué aux volontés soudaines et aux irrésistibles caprices des maîtres. Et il s'éloigna, les larmes aux yeux.

Le train repartit, courant à la frontière.

Alors la comtesse Marie dit à son voisin :

« Ces choses sont pour vous, monsieur, vous êtes Ivan, mon serviteur. Je ne mets qu'une condition à ce que je fais : c'est que vous ne me parlerez jamais, que vous ne me direz pas un mot, ni pour me remercier, ni pour quoi que ce soit. »

L'inconnu s'inclina sans prononcer une parole.

Bientôt on s'arrêta de nouveau et des fonctionnaires en uniforme visitèrent le train. La comtesse leur tendit les papiers et, montrant l'homme assis au fond de son wagon :

---

1. *Barine* : « Mot russe, signifiant seigneur, auquel Maupassant donne un sens féminin » (L. Forestier, in *C.N.*, tome I, p. 1530).

2. *Se décoiffer* : ici, ôter son couvre-chef.

« C'est mon domestique Ivan, dont voici le passeport. »

Le train se remit en route.

Pendant toute la nuit, ils restèrent en tête-à-tête, muets tous deux.

Le matin venu, comme on s'arrêtait dans une gare allemande, l'inconnu descendit ; puis, debout à la portière :

« Pardonnez-moi, madame, de rompre ma promesse ; mais je vous ai privée de votre domestique, il est juste que je le remplace. N'avez-vous besoin de rien ? »

Elle répondit froidement :

« Allez chercher ma femme de chambre. »

Il y alla. Puis disparut.

Quand elle descendait à quelque buffet, elle l'apercevait de loin qui la regardait. Ils arrivèrent à Menton.

II

Le docteur se tut une seconde, puis reprit :

Un jour, comme je recevais mes clients dans mon cabinet [1], je vis entrer un grand garçon qui me dit :

« Docteur, je viens vous demander des nouvelles de la comtesse Marie Baranow. Je suis, bien qu'elle ne me connaisse point, un ami de son mari. »

Je répondis :

« Elle est perdue. Elle ne retournera pas en Russie. »

---

1. *Cabinet* (m.) : lieu où quelqu'un qui exerce une profession libérale reçoit ses clients.

Et cet homme brusquement se mit à sangloter, puis il se leva et sortit en trébuchant [1] comme un ivrogne [2].

Je prévins, le soir même, la comtesse qu'un étranger était venu m'interroger sur sa santé. Elle parut émue et me raconta toute l'histoire que je viens de vous dire. Elle ajouta :

« Cet homme que je ne connais point me suit maintenant comme mon ombre, je le rencontre chaque fois que je sors ; il me regarde d'une étrange façon, mais il ne m'a jamais parlé. »

Elle réfléchit, puis ajouta :

« Tenez, je parie [3] qu'il est sous mes fenêtres. »

Elle quitta sa chaise longue [4], alla écarter les rideaux et me montra en effet l'homme qui était venu me trouver, assis sur un banc de la promenade, les yeux levés vers l'hôtel. Il nous aperçut, se leva et s'éloigna sans retourner une fois la tête.

Alors, j'assistai à une chose surprenante et douloureuse, à l'amour muet de ces deux êtres qui ne se connaissaient point.

Il l'aimait, lui, avec le dévouement [5] d'une bête sauvée, reconnaissante et dévouée à la mort. Il venait chaque jour me dire : « Comment va-t-elle ? » comprenant que je l'avais deviné. Et il pleurait

---

1. *Trébucher* : perdre l'équilibre.

2. *Ivrogne* : personne qui a l'habitude de boire trop d'alcool.

3. *Parier* (fig.) : dans ce contexte, être sûr. *Pari* (m.) : entre deux ou plusieurs personnes qui soutiennent deux choses opposées, promesse de donner à qui aura raison une somme d'argent établie à l'avance.

4. *Chaise longue* (f.) : fauteuil, ou siège de toile pliant, sur lequel on s'allonge, souvent au bord de la mer.

5. *Dévouement* (m.) : affection extrême, abnégation.

affreusement quand il l'avait vue passer plus faible et plus pâle chaque jour.

Elle me disait :

« Je ne lui ai parlé qu'une fois, à ce singulier homme, et il me semble que je le connais depuis vingt ans. »

Et quand ils se rencontraient, elle lui rendait son salut avec un sourire grave et charmant. Je la sentais heureuse, elle si abandonnée et qui se savait perdue, je la sentais heureuse d'être aimée ainsi, avec ce respect et cette constance, avec cette poésie exagérée, avec ce dévouement prêt à tout. Et pourtant, fidèle à son obstination d'exaltée, elle refusait désespérément de le recevoir, de connaître son nom, de lui parler. Elle disait : « Non, non, cela me gâterait cette étrange amitié. Il faut que nous demeurions étrangers l'un à l'autre. »

Quant à lui, il était certes également une sorte de Don Quichotte, car il ne fit rien pour se rapprocher d'elle. Il voulait tenir jusqu'au bout l'absurde promesse de ne lui jamais parler qu'il avait faite dans le wagon.

Souvent, pendant ses longues heures de faiblesse, elle se levait de sa chaise longue et allait entrouvrir son rideau pour regarder s'il était là, sous sa fenêtre. Et quand elle l'avait vu, toujours immobile sur son banc, elle revenait se coucher avec un sourire aux lèvres.

Elle mourut un matin, vers dix heures. Comme je sortais de l'hôtel, il vint à moi, le visage bouleversé [1] ; il savait déjà la nouvelle.

« Je voudrais la voir une seconde, devant vous », dit-il.

Je lui pris le bras et rentrai dans la maison.

---

1. *Bouleversé* : profondément ému, troublé.

En voyage

Quand il fut devant le lit de la morte, il lui saisit la main et la baisa d'un interminable baiser, puis il se sauva [1] comme un insensé.

Le docteur se tut de nouveau, et reprit :
« Voilà, certes, la plus singulière aventure de chemin de fer que je connaisse. Il faut dire aussi que les hommes sont des drôles de toqués [2]. »

Une femme murmura à mi-voix :
« Ces deux êtres-là ont été moins fous que vous ne croyez... Ils étaient... ils étaient... »

Mais elle ne pouvait plus parler, tant elle pleurait. Comme on changea de conversation pour la calmer, on ne sut pas ce qu'elle voulait dire.

Le Gaulois, 10 mai 1883

---

1. *Se sauver* : partir en courant, s'enfuir.
2. *Toqué* (fam.) : un peu fou, bizarre. *Un drôle (fam.) de toqué* : un fou bien étrange, bien extravagant.

A n a l y s e

L'agencement du texte

1. Le cadre (pp. 80-81). « C'est ici qu'on assassine » : qu'apporte au début du récit cette référence à l'actualité d'alors ? Appréciez la multiplication des sujets impersonnels (*on, quelqu'un, chacun, chaque homme...*) et la vague évocation de différentes « histoires effrayantes » qui restent non contées dans le texte.

2. Le voyage dans le voyage : quelle distance sépare - dans l'espace, dans le temps et pour ce qui est des circonstances – l'itinéraire tracé dans le cadre de celui que parcourt la comtesse Marie Baranow ?

3. Le statut du narrateur principal : en quoi sa profession de médecin est-elle fonctionnelle à l'économie générale du récit ? Quels sont ses liens avec ses auditeurs, avec la comtesse, avec l'étranger ?

4. Le titre, *En voyage* : à quoi renvoie-t-il exactement ?

5. La chute : si le récit conté se clôt sur la mort de l'héroïne, le cadre se ferme sur une phrase interrompue. Commentez l'efficacité de cette suspension finale.

Point de vue et narration

1. Identité et portrait : « C'était une Russe (...) tant de choses en elles » (p. 81). En quoi cette modalité de présentation se distingue-t-elle du microportrait de l'inconnu tel que la comtesse le perçoit dans le wagon (« De temps en temps elle jetait vers lui un regard brusque (...) avec toute l'apparence d'un gentilhomme », p. 86) ?

2. La première rencontre : « Soudain la pensée lui vint (...) prêt à bondir sur elle sans doute » (pp. 84-85). Quels sont, selon vous, les objets et les autres détails les plus frappants dans cette scène ? À quelle distance sont-ils montrés ? Quelle optique révèle l'usage de *sans doute* à la fin de ce passage ?

3. Le silence : quelles raisons ont pu pousser l'héroïne à interdire à l'inconnu de lui adresser la parole, une fois la frontière franchie ? Quelle fonction a ce silence dans la suite de l'action ?

4. Un roman d'aventure en germe : énumérez les principaux " ingrédients " du roman populaire traditionnel utilisés par Maupassant dans ce conte. En quoi, en revanche, la dynamique générale de ce récit s'en éloigne-t-elle ?

5. La fenêtre : « Elle quitta sa chaise longue (...) sans retourner une fois la tête » (p. 89) ; « Souvent, pendant ses longues heures de faiblesse, elle se levait de sa chaise longue et allait entrouvrir son rideau (...) avec un sourire aux lèvres » (p. 90). Évaluez les effets que permet ce type d'encadrement de l'espace.

Aspects chronologiques et rythme narratif

1. « Elle prit le train, seule dans son wagon » ... (p. 84). Relevez dans le récit que le médecin fait du voyage de la comtesse les phrases, ou membres de phrases, ayant trait à la marche du train. Peut-on établir un lien entre le rythme de ce voyage (accélérations, ralentissements, arrêts de la locomotive ; le jour/la nuit) et le déroulement de l'action ?

2. Le voyage de Saint-Pétersbourg à Menton est montré de l'extérieur. Appréciez la modification du point de vue qu'apportent dans la deuxième partie du récit les dialogues du médecin, d'une part avec « l'étranger », et d'autre part avec la comtesse. Quel contraste marque ces deux conversations ?

3. « Elle parut émue et me raconta toute l'histoire que je viens de vous dire » (p. 89). Comment se situe cette phrase et par rapport à la succession des séquences narratives, et par rapport à la chronologie des événements ?

4. « Le docteur se tut une seconde, puis reprit : » (p. 88) ; « Le docteur se tut de nouveau, et reprit : » (p. 91). Ces deux transitions sont construites comme en écho. Quelle place occupent-elles dans la structure générale du récit ? Quel effet ont sur l'auditeur/lecteur ces brefs silences du narrateur ?

Sur quelques choix linguistiques

1. La chose « la plus *attendrissante* » (p. 81). Complétez le tableau suivant :

attendrir	attendrissant	attendrissement
divertir		
éblouir		
ravir		

A n a l y s e

2. « C'était un vieux domestique *aveuglément* dévoué » (p. 84). Observez ces autres adverbes de manière :
   - commodément, confusément, désespérément, énormément, précisément ;
   - affreusement, dernièrement, grandement, heureusement, vivement ;
   - ardemment, brillamment, bruyamment, prudemment, récemment.

   Quelles remarques peut-on faire, à partir de ces séries, sur la formation des adverbes en *ment* ?

3. Pour décrire un geste, un ton, une attitude, une expression du visage etc :
   Il « enveloppa *d'*un mouchoir son poignet » (p. 85). Elle dit, « *d'*une voix brusque » ... (p. 87).
   La comtesse, « *la* voix tremblante, » ... (p. 87).
   « Et il s'éloigna, *les* larmes aux yeux » (p. 87).

   Donnez quelques brefs exemples de description, en utilisant à votre tour des tournures semblables.

4. ***En d'autres termes.*** « Elle *demeurait* immobile et muette » (p. 86) ; « Il faut que nous *demeurions* étrangers l'un à l'autre » (p. 90) : dans les deux cas, par quel verbe peut-on remplacer *demeurer* ? Expliquez le sens de ce verbe dans les exemples suivants : " Il *demeure* rue du Bac " ; " Elle *demeurait* à Toulouse " ; " Ils *demeurèrent* perplexes ".

5. La notion de " siège " : « Elle quitta sa *chaise longue* » (p. 89).

un banc	une causeuse	un fauteuil
une banquette	une chaise	un pouf
une berceuse	une chaise longue	un sofa
une bergère	un divan	un tabouret
un canapé	un escabeau	un transat

Analyse

De préférence à l'aide d'un dictionnaire monolingue, comparez ces sièges entre eux, pour ce qui est du degré de leur confort, par exemple : un *tabouret* est moins confortable qu'une *chaise* et beaucoup moins confortable qu'une *bergère*. Précisez les traits caractéristiques de chacun d'eux, par exemple un *banc* : a-t-il généralement des bras, un dossier ? est-il rembourré ? est-il bas ou élevé ? est-il destiné à une ou à plusieurs personnes ? le place-t-on le plus souvent à l'intérieur d'une maison ou en plein air ?

Étude d'extraits

1. *d'une, interdit, la, près, énormes, fois, plus, puis*

   Replacez ces termes dans l'ordre voulu pour compléter cet extrait de dialogue :

   « La comtesse Marie, ... voix tremblante, considéra une dernière .... son étrange compagnon, ... elle dit à son serviteur, ... voix brusque :
   " Ivan, tu vas retourner .... du comte, je n'ai .... besoin de toi ".
   L'homme, ..., ouvrait des yeux ....

   Vérifiez ensuite l'ordre des mots à la p. 87.

2. *Par les ténèbres* : « Le train courait par les ténèbres (...) prendre les ordres » (pp. 86-87). Analysez ce passage, en examinant de près les choix stylistiques de l'auteur, et en le situant par rapport au développement de l'action.

3. À vous de choisir un bref extrait à analyser pour en montrer la fonction dans la dynamique de ce récit conté. Donnez un titre à l'extrait choisi.

Décoré !

Décoré !

es gens naissent avec un instinct prédominant, une vocation ou simplement un désir éveillé, dès qu'ils commencent à parler, à penser.

M. Sacrement, n'avait, depuis son enfance, qu'une idée en tête, être décoré [1]. Tout jeune, il portait des croix de la Légion d'honneur en zinc comme d'autres enfants portent un képi [2] et il donnait fièrement la main à sa mère, dans la rue, en bombant sa petite poitrine ornée du ruban rouge et de l'étoile de métal.

Après de pauvres études il échoua au baccalauréat [3],

---

1. Cette idée fixe du héros de *Décoré !* rappelle de près celle du pharmacien Homais, le personnage de *Madame Bovary*, auquel Flaubert consacre les toutes dernières lignes de son roman : « l'autorité le ménage et l'opinion publique le protège. Il vient de recevoir la croix d'honneur ». Dans la suite de ce récit de Maupassant, les recherches, aussi dispersées que vaines, auxquelles s'adonnera M. Sacrement peuvent évoquer deux autres personnages célèbres de Flaubert, les héros de son roman posthume *Bouvard et Pécuchet*, publié inachevé en 1881.

2. *Képi* (m.) : couvre-chef militaire muni d'une visière.

3. *Baccalauréat* (m. ; fam. : *bac* ou *bachot*) : diplôme de fin d'études secondaires.

et, ne sachant plus que faire, il épousa une jolie fille, car il avait de la fortune.

Ils vécurent à Paris comme vivent des bourgeois riches, allant dans leur monde, sans se mêler au monde, fiers de la connaissance d'un député qui pouvait devenir ministre, et amis de deux chefs de division.

Mais la pensée entrée aux premiers jours de sa vie dans la tête de M. Sacrement, ne la quittait plus et il souffrait d'une façon continue de n'avoir point le droit de montrer sur sa redingote [1] un petit ruban de couleur.

Les gens décorés qu'il rencontrait sur le boulevard lui portaient un coup au cœur. Il les regardait de coin avec une jalousie exaspérée. Parfois, par les longs après-midi de désœuvrement [2] il se disait : « Voyons, combien j'en trouverai de la Madeleine à la rue Drouot. »

Et il allait lentement, inspectant les vêtements, l'œil exercé à distinguer de loin le petit point rouge. Quand il arrivait au bout de sa promenade il s'étonnait toujours des chiffres : « Huit officiers, et dix-sept chevaliers. Tant que ça ! C'est stupide de prodiguer les croix d'une pareille façon. Voyons si j'en trouverai autant au retour. »

Et il revenait à pas lents, désolé quand la foule pressée des passants pouvait gêner [3] ses recherches, lui faire oublier quelqu'un.

Il connaissait les quartiers où on en trouvait le plus. Ils abondaient au Palais-Royal. L'avenue de l'Opéra ne valait pas la rue de la Paix ; le côté droit du boulevard

---

1. *Redingote* (f.) : veste croisée, longue et ample.

2. *Désœuvrement* (m.) : temps inactif, libre de toute occupation.

3. *Gêner* : déranger, constituer un obstacle.

« Les gens décorés qu'il rencontrait sur le boulevard lui
portaient un coup au cœur. »

était mieux fréquenté que le gauche.

Ils semblaient aussi préférer certains cafés, certains théâtres. Chaque fois que M. Sacrement apercevait un groupe de vieux messieurs à cheveux blancs arrêtés au milieu du trottoir, et gênant la circulation, il se disait : « Voici des officiers de la Légion d'honneur ! » Et il avait envie de les saluer.

Les officiers (il l'avait souvent remarqué) ont une autre allure que les simples chevaliers. Leur port de tête est différent. On sent bien qu'ils possèdent officiellement une considération plus haute, une importance plus étendue.

Parfois aussi une rage saisissait M. Sacrement, une fureur contre tous les gens décorés ; et il sentait pour eux une haine de socialiste.

Alors, en rentrant chez lui, excité par la rencontre de tant de croix, comme l'est un pauvre affamé après avoir passé devant les grandes boutiques de nourriture, il déclarait d'une voix forte : « Quand donc, enfin, nous débarrassera-t-on de ce sale gouvernement ? » Sa femme surprise, lui demandait : « Qu'est-ce que tu as aujourd'hui ? »

Et il répondait : « J'ai que je suis indigné par les injustices que je vois commettre partout. Ah ! que les communards [1] avaient raison ! »

Mais il ressortait après son dîner, et il allait considérer les magasins de décorations. Il examinait tous ces emblèmes de formes diverses, de couleurs variées. Il aurait voulu les posséder tous, et, dans une cérémonie publique, dans une immense salle pleine de monde, pleine de peuple émerveillé, marcher en tête d'un

---

1. *Communard* (m., fam.) : partisan de la Commune de Paris (mars-mai 1871), gouvernement révolutionnaire prolétarien.

Décoré !

cortège, la poitrine étincelante, zébrée de brochettes [1] alignées l'une sur l'autre, suivant la forme de ses côtes, et passer gravement, le claque [2] sous le bras, luisant comme un astre au milieu des chuchotements admiratifs, dans une rumeur de respect.

Il n'avait, hélas ! aucun titre pour aucune décoration.

Il se dit : « La Légion d'honneur est vraiment par trop difficile pour un homme qui ne remplit aucune fonction publique. Si j'essayais de me faire nommer officier d'académie ! »

Mais il ne savait comment s'y prendre. Il en parla à sa femme qui demeura stupéfaite.

« Officier d'académie ? Qu'est-ce que tu as fait pour cela ? »

Il s'emporta : « Mais comprends donc ce que je veux dire. Je cherche justement ce qu'il faut faire. Tu es stupide par moments. »

Elle sourit : « Parfaitement, tu as raison. Mais je ne sais pas, moi ! »

Il avait une idée : « Si tu en parlais au député Rosselin, il pourrait me donner un excellent conseil. Moi, tu comprends que je n'ose guère aborder cette question directement avec lui. C'est assez délicat, assez difficile ; venant de toi, la chose devient toute naturelle. »

Mme Sacrement fit ce qu'il demandait. M. Rosselin promit d'en parler au ministre. Alors Sacrement le harcela [3]. Le député finit par lui répondre

---

1. *Brochette* (f.) : tige de fer (semblable à celle qui sert à faire rôtir des morceaux de viande ou de poisson) qu'on épingle sur l'habit pour porter une série de décorations.

2. *Claque* (m.) : chapeau cylindrique qui s'aplatit et qu'on peut mettre sous le bras.

3. *Harceler* : tourmenter, obséder.

qu'il fallait faire une demande et énumérer ses titres.

Ses titres ? Voilà. Il n'était pas même bachelier [1].

Il se mit cependant à la besogne [2] et commença une brochure traitant : « Du droit du peuple à l'instruction. » Il ne la put achever par pénurie d'idées.

Il chercha des sujets plus faciles et en aborda plusieurs successivement. Ce fut d'abord : « L'instruction des enfants par les yeux. » Il voulait qu'on établît dans les quartiers pauvres des espèces de théâtres gratuits pour les petits enfants. Les parents les y conduiraient dès leur plus jeune âge, et on leur donnerait là, par le moyen d'une lanterne magique, des notions de toutes les connaissances humaines. Ce seraient de véritables cours. Le regard instruirait le cerveau, et les images resteraient gravées dans la mémoire, rendant pour ainsi dire visible la science.

Quoi de plus simple que d'enseigner ainsi l'histoire universelle, la géographie, l'histoire naturelle, la botanique, la zoologie, l'anatomie, etc., etc. ?

Il fit imprimer ce mémoire et en envoya un exemplaire à chaque député, dix à chaque ministre, cinquante au président de la République, dix également à chacun des journaux parisiens, cinq aux journaux de province.

Puis il traita la question des bibliothèques des rues, voulant que l'État fît promener par les rues de petites voitures pleines de livres, pareilles aux voitures de marchands d'oranges. Chaque habitant aurait droit à dix volumes par mois en location, moyennant un sou d'abonnement.

1. *Bachelier* (m.) : titulaire du baccalauréat.
2. *Besogne* (f.) : travail laborieux, imposé par quelque contrainte ou aspiration.

Décoré !

« Le peuple, disait M. Sacrement, ne se dérange que pour ses plaisirs. Puisqu'il ne va pas à l'instruction, il faut que l'instruction vienne à lui, etc. »

Aucun bruit ne se fit autour de ces essais. Il adressa cependant sa demande. On lui répondit qu'on prenait note, qu'on instruisait. Il se crut sûr du succès ; il attendit. Rien ne vint.

Alors il se décida à faire des démarches [1] personnelles. Il sollicita une audience du ministre de l'Instruction publique, et il fut reçu par un attaché de cabinet tout jeune et déjà grave, important même, et qui jouait, comme d'un piano, d'une série de petits boutons blancs pour appeler les huissiers et les garçons de l'antichambre ainsi que les employés subalternes. Il affirma au solliciteur que son affaire était en bonne voie et il lui conseilla de continuer ses remarquables travaux.

Et M. Sacrement se remit à l'œuvre.

M. Rosselin, le député, semblait maintenant s'intéresser beaucoup à son succès, et il lui donnait même une foule de conseils pratiques excellents. Il était décoré d'ailleurs, sans qu'on sût quels motifs lui avaient valu cette distinction.

Il indiqua à Sacrement des études nouvelles à entreprendre, il le présenta à des Sociétés savantes qui s'occupaient de points de science particulièrement obscurs, dans l'intention de parvenir à des honneurs. Il le patronna [2] même au ministère.

Or, un jour, comme il venait déjeuner chez son ami

---

1. *Démarche* (f.) : ici, initiative, tentative auprès de quelqu'un (spécialement auprès des fonctionnaires) pour obtenir quelque chose.
2. *Patronner* : couvrir de sa protection prestigieuse.

(il mangeait souvent dans la maison depuis plusieurs mois) il lui dit tout bas en lui serrant la main : « Je viens d'obtenir pour vous une grande faveur. Le comité des travaux historiques vous charge d'une mission. Il s'agit de recherches à faire dans diverses bibliothèques de France. »

Sacrement, défaillant, n'en put manger ni boire. Il partit huit jours plus tard.

Il allait de ville en ville, étudiant les catalogues, fouillant [1] en des greniers bondés de bouquins poudreux, en proie à la haine des bibliothécaires.

Or, un soir, comme il se trouvait à Rouen, il voulut aller embrasser sa femme qu'il n'avait point vue depuis une semaine ; et il prit le train de neuf heures qui devait le mettre à minuit chez lui.

Il avait sa clef. Il entra sans bruit, frémissant de plaisir, tout heureux de lui faire cette surprise. Elle s'était enfermée, quel ennui ! Alors il cria à travers la porte : « Jeanne, c'est moi ! »

Elle dut avoir grand-peur, car il l'entendit sauter du lit et parler seule comme dans un rêve. Puis elle courut à son cabinet de toilette, l'ouvrit et le referma, traversa plusieurs fois sa chambre dans une course rapide, nu-pieds, secouant les meubles dont les verreries sonnaient. Puis, enfin, elle demanda : « C'est bien toi, Alexandre ? »

Il répondit : « Mais oui, c'est moi, ouvre donc ! »

La porte céda, et sa femme se jeta sur son cœur en balbutiant : « Oh ! quelle terreur ! quelle surprise, quelle joie ! »

Alors, il commença à se dévêtir, méthodiquement,

---

1. *Fouiller* : explorer systématiquement, avec soin et en tous sens.

comme il faisait tout. Et il reprit sur une chaise, son pardessus [1] qu'il avait l'habitude d'accrocher dans le vestibule. Mais, soudain, il demeura stupéfait. La boutonnière [2] portait un ruban rouge !

Il balbutia : « Ce... ce... ce paletot est décoré ! »

Alors sa femme, d'un bond, se jeta sur lui, et lui saisissant dans les mains le vêtement : « Non... tu te trompes... donne-moi ça. »

Mais il le tenait toujours par une manche, ne le lâchant pas, répétant dans une sorte d'affolement :

« Hein ?... Pourquoi ?... Explique-moi ?... À qui ce pardessus ?... Ce n'est pas le mien, puisqu'il porte la Légion d'honneur ? »

Elle s'efforçait de le lui arracher, éperdue, bégayant : « Écoute... écoute... donne-moi ça... je ne peux pas te dire... c'est un secret... écoute. »

Mais il se fâchait [3], devenait pâle : « Je veux savoir comment ce paletot est ici. Ce n'est pas le mien. »

Alors, elle lui cria dans la figure : « Si, tais-toi, jure-moi... écoute... eh bien ! tu es décoré ! »

Il eut une telle secousse d'émotion qu'il lâcha le pardessus et alla tomber dans un fauteuil.

« Je suis... tu dis... je suis... décoré.

— Oui... c'est un secret, un grand secret... »

Elle avait enfermé dans une armoire le vêtement glorieux, et revenait vers son mari, tremblante et pâle. Elle reprit : « Oui, c'est un pardessus neuf que je t'ai fait faire. Mais j'avais juré de ne te rien dire. Cela ne sera

---

1. *Pardessus* (m.) : vêtement chaud qu'on porte par-dessus les autres vêtements; manteau, paletot.

2. *Boutonnière* (f.) : petite fente dans un vêtement pour y passer un bouton; ici, dans le revers du pardessus.

3. *Se fâcher* : perdre la patience, se mettre en colère, s'irriter.

pas officiel avant un mois ou six semaines. Il faut que ta mission soit terminée. Tu ne devais le savoir qu'à ton retour. C'est M. Rosselin qui a obtenu ça pour toi... »

Sacrement, défaillant, bégayait : « Rosselin... décoré... Il m'a fait décorer... moi... lui... Ah !... »

Et il fut obligé de boire un verre d'eau.

Un petit papier blanc gisait par terre, tombé de la poche du pardessus. Sacrement le ramassa, c'était une carte de visite. Il lut : « Rosselin – député. »

« Tu vois bien », dit la femme.

Et il se mit à pleurer de joie.

Huit jours plus tard *l'Officiel* [1] annonçait que M. Sacrement était nommé chevalier de la Légion d'honneur, pour services exceptionnels.

Gil Blas, 13 novembre 1883

Signé Maufrigneuse.

---

1. *L'Officiel* : journal qui publie les textes officiels (lois, décrets, débats des assemblées et autres documents administratifs) émanant du gouvernement.

A n a l y s e

L'agencement du texte

1. Ce récit à la troisième personne s'ouvre sur une considération d'ordre général. Quel est le ton qui marque la phrase liminaire ?

2. En combien de parties principales peut, selon vous, se découper ce conte ? Donnez un titre à chacune de ces parties.

3. Les dialogues entre M. et Mme Sacrement : quelle place occupent-ils dans le texte ?

4. Comique de situation, comique de gestes, comique de mots : trois aspects fondamentaux de la comédie classique. Dans cette optique, montrez comment naît et se construit l'" histoire " que Mme Sacrement raconte à son époux dans la " scène " finale (pp. 107-108). Quels sont les objets autour desquels s'articule l'élaboration de ce " récit conté " ? Appréciez l'accélération de l'action.

5. *Décoré* : ce mot constitue le leitmotiv du récit. Dressez une liste des phrases où il apparaît et analysez son emploi dans les différents contextes relevés. Qu'ajoute au titre le point d'exclamation ?

Point de vue et narration

1. M. Sacrement enfant : « Tout jeune (...) l'étoile de métal » (p. 98). Analysez ce micro-portrait à partir de la situation donnée : *dans la rue*.

2. Les promenades du héros : « Les gens décorés qu'il rencontrait sur le boulevard (...) mieux fréquenté que le côté gauche. » (pp. 99, 102). Suivons-le dans son itinéraire, de préférence à l'aide d'un plan de Paris. Quelles activités, quels types de passants, quelles atmosphères les lieux cités évoquent-ils ?

3. Le rêve de M. Sacrement : « Mais il ressortait après son dîner (...) dans une rumeur de respect » (pp. 102-103). Analysez cette vision de soi, en mettant en relief les choix stylistiques (lexique, reprises, rythme narratif etc.) visant à produire des effets d'exagération, de grossissement, d'exaltation.

Un genre théâtral comique : le vaudeville

Le théâtre dit " de boulevard " (notamment les comédies de Labiche et de Meilhac : v. plus loin *Les Tombales*, note 2, p. 184), connaissait un grand succès populaire quand parut ce conte.

1. Comparez les définitions du genre *vaudeville*, caractéristique de la Belle Époque, qu'en donnent trois dictionnaires:
- « comédie légère, d'une intrigue habile et d'un comique un peu gros. » (Larousse)
- « comédie légère fondée sur un comique d'intrigues et de quiproquos. » (Lexis)
- « comédie légère, divertissante, fertile en intrigues et rebondissements. » (Robert)

a) regroupez les traits communs à ces définitions ;
b) mettez en relief les traits qui, au contraire, les distinguent.

2. Entre conte et vaudeville : montrez comment *Décoré !* se situe par rapport à ces deux genres littéraires.

A n a l y s e

Sur quelques choix linguistiques

1. ***En d'autres termes*** : M. Sacrement « *échoua* au baccalauréat» (p. 98). Dans *Épaves*, les pêcheurs « tournent autour des grosses barques *échouées* » ; et à propos de certaines touristes anglaises, « il en *échoue*, il en traîne dans toutes les villes où le monde a passé » (v. *infra*, pp. 21 et 27). Par ailleurs, un projet, un plan, une entreprise peuvent *échouer*... Expliquez brièvement, en d'autres termes, le sens du verbe *échouer* dans tous ces exemples et mettez en relief les traits qui unissent ces différents emplois.

2. ***Nuances*** : M. Sacrement sur le boulevard est désolé quand les passants peuvent « gêner ses recherches » (p.99) ; mais il est plein de respect face à des officiers de la Légion d'honneur « *gênant* la circulation » (p. 102). Comparez l'usage des verbes *gêner / déranger / embarrasser / entraver / importuner*. Donnez un bref exemple d'emploi pour chacun d'eux.

3. ***La notion*** de " vêtement de dessus " :

une cape	un manteau	une redingote
un châle	un paletot	une vareuse
une houppelande	un pardessus	une veste
une jaquette	une pèlerine	un veston

    De préférence à l'aide d'un dictionnaire monolingue, dégagez les traits qui caractérisent chacun de ces vêtements : par exemple ample/ajusté, long/court, avec/sans manches, tissu chaud/tissu léger, d'homme/de femme, d'hier/d'aujourd'hui etc.

A n a l y s e

4. Appréciez le ton oral qui marque les phrases suivantes : « Tant que ça ? » (p. 99) ; « Mais je ne sais pas, moi ? » (p. 103) ; « Si, tais-toi, jure-moi... écoute... eh bien ! » ... (p. 107). Quels sont, dans les contextes donnés, les choix stylistiques qui transmettent au lecteur l'impression de la langue parlée ?

5. Mme Sacrement traversa plusieurs fois sa chambre « *nu-pieds* » (p. 106). Observez l'usage invariable de l'adjectif *nu* dans cette expression, et dans d'autres telles que *nu-tête*, *nu-jambes*. Proposez quelques exemples d'emploi de ces expressions.

Étude d'extraits

1. *L'instruction des enfants par les yeux* : « Il voulait qu'on établît dans les quartiers pauvres (...) l'anatomie, etc., etc ? » (p. 104).

2. *Les bibliothèques des rues* : « Puis il traita la question des bibliothèques des rues (...) moyennant un sou d'abonnement » (p. 104).

3. *La recherche scientifique* : « Il allait de ville en ville (...) en proie à la haine des bibliothécaires. » (p. 106).

   Commentez, oralement ou par écrit, ces trois passages, dans leur contexte, puis à la lumière des développements culturels et technologiques actuels.

La Main

La Main

On faisait cercle autour de M. Bermutier, juge d'instruction, qui donnait son avis sur l'affaire mystérieuse de Saint-Cloud [1]. Depuis un mois, cet inexplicable crime affolait [2] Paris. Personne n'y comprenait rien.

M. Bermutier, debout, le dos à la cheminée, parlait, assemblait les preuves, discutait les diverses opinions, mais ne concluait pas.

Plusieurs femmes s'étaient levées pour s'approcher et demeuraient debout, l'œil fixé sur la bouche rasée du magistrat d'où sortaient les paroles graves. Elles frissonnaient, vibraient, crispées [3] par leur peur curieuse, par l'avide et insatiable besoin d'épouvante qui hante leur âme, les torture comme une faim.

---

1. Contrairement aux assassinats en train commis dans la région de Tarascon (v. *La Peur*), l'affaire de Saint-Cloud n'appartiendrait pas à l'actualité de l'époque. « Les quotidiens signalent, en revanche, un " crime de Saint-Ouen " qui passionne d'autant plus l'opinion que la justice ne parvient pas à retrouver le coupable » (L. Forestier, in *C.N.*, tome I, p. 1612).

2. *Affoler* : troubler complètement, inquiéter profondément. Subst. : *affolement* (m.)

3. *Crispé* : très tendu, contracté.

La Main

Une d'elles, plus pâle que les autres, prononça pendant un silence :

« C'est affreux. Cela touche au " surnaturel ". On ne saura jamais rien. »

Le magistrat se tourna vers elle :

« Oui, madame, il est probable qu'on ne saura jamais rien. Quant au mot " surnaturel " que vous venez d'employer, il n'a rien à faire ici. Nous sommes en présence d'un crime fort habilement conçu, fort habilement exécuté, si bien enveloppé de mystère que nous ne pouvons le dégager [1] des circonstances impénétrables qui l'entourent. Mais j'ai eu, moi, autrefois, à suivre une affaire où vraiment semblait se mêler quelque chose de fantastique. Il a fallu l'abandonner d'ailleurs, faute de moyens de l'éclaircir. »

Plusieurs femmes prononcèrent en même temps, si vite que leurs voix n'en firent qu'une :

« Oh ! dites-nous cela. »

M. Bermutier sourit gravement, comme doit sourire un juge d'instruction. Il reprit :

« N'allez pas croire, au moins, que j'aie pu, même un instant, supposer en cette aventure quelque chose de surhumain. Je ne crois qu'aux causes normales. Mais, si, au lieu d'employer le mot " surnaturel " pour exprimer ce que nous ne comprenons pas, nous nous servions simplement du mot " inexplicable ", cela vaudrait beaucoup mieux. En tout cas, dans l'affaire que je vais vous dire, ce sont surtout les circonstances environnantes [2], les circonstances préparatoires qui m'ont ému. Enfin, voici les faits. »

---

1. *Dégager* : ici, isoler pour éclaircir, faire émerger.

2. *Environnant* : qui est autour.

Sur l'eau

J'étais alors juge d'instruction à Ajaccio [1], une petite ville blanche, couchée au bord d'un admirable golfe qu'entourent partout de hautes montagnes.

Ce que j'avais surtout à poursuivre là-bas, c'étaient les affaires de vendetta. Il y en a de superbes, de dramatiques au possible, de féroces, d'héroïques. Nous retrouvons là les plus beaux sujets de vengeance qu'on puisse rêver, les haines séculaires, apaisées un moment, jamais éteintes, les ruses [2] abominables, les assassinats devenant des massacres et presque des actions glorieuses. Depuis deux ans, je n'entendais parler que du prix du sang, que de ce terrible préjugé corse qui force à venger toute injure sur la personne qui l'a faite, sur ses descendants et ses proches. J'avais vu égorger des vieillards, des enfants, des cousins, j'avais la tête pleine de ces histoires.

Or, j'appris un jour qu'un Anglais venait de louer

---

1. *Ajaccio* : ville de la Corse du Sud, patrie des Bonaparte. Ce paysage, que Maupassant connaît bien, est décrit à plusieurs reprises dans son œuvre. Quant à l'anecdote qui va suivre, elle est inspirée de la rencontre que l'auteur fit longtemps auparavant (en 1867 ou 1868), non pas en Corse, mais en Normandie, avec deux Anglais, un certain Powel (devenu Sir John Rowel dans la fiction de ce conte) et le poète Algernon Charles Swinburne (1837-1909). Maupassant évoque cette rencontre dans une chronique qu'il consacre à Swinburne, *L'Anglais d'Étretat* (*Le Gaulois*, 29 novembre 1882), où, dans la description qu'il donne de la maison normande, habitée alors par les deux Anglais, et des bizarreries de son ameublement - y compris la présence de la main d'écorché , nous trouvons plusieurs détails repris dans *La Main*. Rappelons qu'une version antérieure de ce conte, ayant pour titre *La Main d'écorché* (*Almanach lorrain de Pont-à-Mousson*, 1875), constitue le texte de la toute première nouvelle publiée par Maupassant (cf. à ce propos C. Licari, *La main, le texte, Prévue*, 5, mai 1976, pp. 19-25).

2. *Ruse* (f.) : moyen habile qu'on emploie pour tromper quelqu'un ; astuce.

pour plusieurs années une petite villa au fond du golfe. Il avait amené avec lui un domestique français, pris à Marseille en passant.

Bientôt tout le monde s'occupa de ce personnage singulier, qui vivait seul dans sa demeure, ne sortant que pour chasser et pour pêcher. Il ne parlait à personne, ne venait jamais à la ville, et, chaque matin, s'exerçait, pendant une heure ou deux, à tirer au pistolet et à la carabine.

Des légendes se firent autour de lui. On prétendit que c'était un haut personnage fuyant sa patrie pour des raisons politiques ; puis on affirma qu'il se cachait après avoir commis un crime épouvantable. On citait même des circonstances particulièrement horribles.

Je voulus, en ma qualité de juge d'instruction, prendre quelques renseignements sur cet homme ; mais il me fut impossible de rien apprendre. Il se faisait appeler sir John Rowel.

Je me contentai donc de le surveiller de près ; mais on ne me signalait, en réalité, rien de suspect à son égard.

Cependant, comme les rumeurs sur son compte continuaient, grossissaient, devenaient générales, je résolus d'essayer de voir moi-même cet étranger, et je me mis à chasser régulièrement dans les environs de sa propriété.

J'attendis longtemps une occasion. Elle se présenta enfin sous la forme d'une perdrix que je tirai et que je tuai devant le nez de l'Anglais. Mon chien me la rapporta ; mais, prenant aussitôt le gibier [1], j'allais m'excuser de mon inconvenance et prier sir John Rowel d'accepter l'oiseau mort.

---

1. *Gibier* (m.) : animal pris à la chasse et destiné à être mangé.

C'était un grand homme à cheveux rouges, à barbe rouge, très haut, très large, une sorte d'hercule placide et poli. Il n'avait rien de la raideur dite britannique et il me remercia vivement de ma délicatesse en un français accentué d'outre-Manche. Au bout d'un mois nous avions causé ensemble cinq ou six fois.

Un soir enfin, comme je passais devant sa porte, je l'aperçus qui fumait sa pipe, à cheval sur une chaise, dans son jardin. Je le saluai, et il m'invita à entrer pour boire un verre de bière. Je ne me le fis pas répéter.

Il me reçut avec toute la méticuleuse courtoisie anglaise, parla avec éloge de la France, de la Corse, déclara qu'il aimait beaucoup *cette* pays, et *cette* rivage.

Alors je lui posai, avec de grandes précautions et sous la forme d'un intérêt très vif, quelques questions sur sa vie, sur ses projets. Il répondit sans embarras, me raconta qu'il avait beaucoup voyagé, en Afrique, dans les Indes, en Amérique. Il ajouta en riant

« J'avé eu bôcoup d'aventures, oh ! yes. »

Puis je me remis à parler chasse, et il me donna des détails les plus curieux sur la chasse à l'hippopotame, au tigre, à l'éléphant et même la chasse au gorille.

Je dis :

« Tous ces animaux sont redoutables. »

Il sourit :

« Oh ! nô, le plus mauvais c'été l'homme. »

Il se mit à rire tout à fait, d'un bon rire de gros Anglais content :

« J'avé beaucoup chassé l'homme aussi. »

Puis il parla d'armes, et il m'offrit d'entrer chez lui pour me montrer des fusils de divers systèmes.

Son salon était tendu de noir [1], de soie noire brodée

---

1. *Tendu de noir* : recouvert, tapissé de tissu noir.

d'or. De grandes fleurs jaunes couraient sur l'étoffe sombre, brillaient comme du feu.

Il annonça :

« C'été une drap japonaise. »

Mais, au milieu du plus large panneau, une chose étrange me tira l'œil. Sur un carré de velours rouge, un objet noir se détachait. Je m'approchai : c'était une main, une main d'homme. Non pas une main de squelette, blanche et propre, mais une main noire desséchée, avec les ongles jaunes, les muscles à nu et des traces de sang ancien, de sang pareil à une crasse [1], sur les os coupés net, comme d'un coup de hache, vers le milieu de l'avant-bras.

Autour du poignet une énorme chaîne de fer, rivée, soudée à ce membre malpropre, l'attachait au mur par un anneau assez fort pour tenir un éléphant en laisse [2].

Je demandai :

« Qu'est-ce que cela ? »

L'Anglais répondit tranquillement :

« C'été ma meilleur ennemi. Il vené d'Amérique. Il avé été fendu avec le sabre et arraché la peau avec une caillou coupante, et séché dans le soleil pendant huit jours. Aoh, très bonne pour moi, cette. »

Je touchai ce débris humain qui avait dû appartenir à un colosse. Les doigts, démesurément longs, étaient attachés par des tendons énormes que retenaient des lanières de peau par places. Cette main était affreuse à voir, écorchée ainsi, elle faisait penser naturellement à quelque vengeance de sauvage.

Je dis :

---

1. *Crasse* (f.) : couche noire, produit de la saleté recouvrant une surface.
2. *Laisse* (f.) : lien avec lequel on attache un animal, généralement un chien.

« Cet homme devait être très fort. »

L'Anglais prononça avec douceur :

« Aoh yes ; mais je été plus fort que lui. J'avé mis cette chaîne pour le tenir. »

Je crus qu'il plaisantait. Je dis :

« Cette chaîne maintenant est bien inutile, la main ne se sauvera pas. »

Sir John Rowel reprit gravement :

« Elle voulé toujours s'en aller. Cette chaîne été nécessaire. »

D'un coup d'œil rapide, j'interrogeai son visage, me demandant :

« Est-ce un fou, ou un mauvais plaisant [1] ? »

Mais la figure demeurait impénétrable, tranquille et bienveillante. Je parlai d'autre chose et j'admirai les fusils.

Je remarquai cependant que trois revolvers chargés étaient posés sur les meubles, comme si cet homme eût vécu dans la crainte constante d'une attaque.

Je revins plusieurs fois chez lui. Puis je n'y allai plus. On s'était accoutumé à sa présence ; il était devenu indifférent à tous.

Une année entière s'écoula. Or un matin, vers la fin de novembre, mon domestique me réveilla en m'annonçant que sir John Rowel avait été assassiné dans la nuit.

Une demi-heure plus tard, je pénétrais dans la maison de l'Anglais avec le commissaire central et le capitaine de gendarmerie. Le valet, éperdu et désespéré, pleurait devant la porte. Je soupçonnai d'abord cet homme, mais il était innocent.

---

1. *Mauvais plaisant* (expr. figée) : personne qui fait des tours, des plaisanteries de mauvais goût.

La Main

On ne put jamais trouver le coupable.

En entrant dans le salon de sir John, j'aperçus du premier coup d'œil le cadavre étendu sur le dos, au milieu de la pièce.

Le gilet était déchiré [1], une manche arrachée [2] pendait, tout annonçait qu'une lutte terrible avait eu lieu.

L'Anglais était mort étranglé ! Sa figure noire et gonflée, effrayante, semblait exprimer une épouvante abominable ; il tenait entre ses dents serrées quelque chose ; et le cou, percé de cinq trous qu'on aurait dits faits avec des pointes de fer, était couvert de sang.

Un médecin nous rejoignit. Il examina longtemps les traces des doigts dans la chair et prononça ces étranges paroles :

« On dirait qu'il a été étranglé par un squelette. »

Un frisson me passa dans le dos, et je jetai les yeux sur le mur, à la place où j'avais vu jadis l'horrible main d'écorché. Elle n'y était plus. La chaîne, brisée [3], pendait.

Alors je me baissai vers le mort, et je trouvai dans sa bouche crispée un des doigts de cette main disparue, coupé ou plutôt scié par les dents juste à la deuxième phalange.

Puis on procéda aux constatations. On ne découvrit rien. Aucune porte n'avait été forcée, aucune fenêtre, aucun meuble. Les deux chiens de garde ne s'étaient pas réveillés.

Voici, en quelques mots, la déposition du domestique :

« Depuis un mois, son maître semblait agité. Il avait reçu beaucoup de lettres, brûlées à mesure.

---

1. *Déchirer* : mettre en pièces, en tirant de deux côtés opposés.
2. *Arracher* : extirper, enlever, en tirant avec un grand effort.
3. *Briser* : casser, rompre.

« Souvent, prenant une cravache [1], dans une colère qui semblait de la démence, il avait frappé avec fureur cette main séchée, scellée au mur et enlevée, on ne sait comment. à l'heure même du crime.

« Il se couchait fort tard et s'enfermait avec soin. Il avait toujours des armes à portée du bras. Souvent, la nuit, il parlait haut, comme s'il se fût querellé [2] avec quelqu'un. »

Cette nuit-là, par hasard, il n'avait fait aucun bruit, et c'est seulement en venant ouvrir les fenêtres que le serviteur avait trouvé sir John assassiné. Il ne soupçonnait personne.

Je communiquai ce que je savais du mort aux magistrats et aux officiers de la force publique, et on fit dans toute l'île une enquête minutieuse. On ne découvrit rien.

Or, une nuit, trois mois après le crime, j'eus un affreux cauchemar. Il me sembla que je voyais la main, l'horrible main, courir comme un scorpion ou comme une araignée le long de mes rideaux et de mes murs. Trois fois, je me réveillai, trois fois je me rendormis, trois fois je revis le hideux débris galoper autour de ma chambre en remuant [3] les doigts comme des pattes.

Le lendemain, on me l'apporta, trouvé dans le cimetière, sur la tombe de sir John Rowel, enterré là ; car on n'avait pu découvrir sa famille. L'index [4] manquait.

---

1. *Cravache* (f.) : fouet pour frapper un animal, en particulier un cheval.

2. *Se quereller* : se disputer.

3. *Remuer* : mouvoir, bouger.

4. *Index* (m.) : deuxième doigt de la main, qui sert à indiquer, à montrer, à expliquer ; mais aussi : table alphabétique (par thèmes, noms de personnes ou de lieux cités etc.), placée à la fin d'une publication et servant à orienter le lecteur.

2me Série. — N° 112.   Le numéro (15 pages de texte) : 15 cent.   DIMANCHE 10 MAI 1885.

LA VIE POPULAIRE

LA VIE POPULAIRE | DIRECTION : | ABONNEMENTS :   Paris et Dép. 6m. 28. — Un an 40b.
PARAIT DEUX FOIS PAR SEMAINE | 16, rue d'Enghien, 16 | Dpts publié. — 115. — » 20b.
LE JEUDI ET LE DIMANCHE

SOMMAIRE :

LA MAIN

E. Méduse

Voilà, mesdames, mon histoire. Je ne sais rien de plus.

Les femmes, éperdues, étaient pâles, frissonnantes. Une d'elles s'écria :

« Mais ce n'est pas un dénouement cela, ni une explication ! Nous n'allons pas dormir si vous ne nous dites pas ce qui s'était passé selon vous. »

Le magistrat sourit avec sévérité :

« Oh ! moi, mesdames, je vais gâter, certes, vos rêves terribles. Je pense tout simplement que le légitime propriétaire de la main n'était pas mort, qu'il est venu la chercher avec celle qui lui restait. Mais je n'ai pu savoir comment il a fait, par exemple. C'est là une sorte de vendetta. »

Une des femmes murmura :

« Non, ça ne doit pas être ainsi. »

Et le juge d'instruction, souriant toujours, conclut :

« Je vous avais bien dit que mon explication ne vous irait pas. »

Le Gaulois, 23 décembre 1883

A n a l y s e

L'agencement du texte

1. Les espaces blancs : compte tenu – mais aussi au-delà – des espaces qui découpent typographiquement ce conte en plusieurs séquences principales, le texte s'articule en un certain nombre de parties et sous-parties. Combien peut-on en distinguer, selon vous ? Donnez à chacune d'elles un titre.

2. Le conteur : quel est son statut ? quelles qualités sa profession confère-t-elle à ce récit ?

3. L'auditoire : les femmes y occupent, dans l'incipit comme dans la chute, le devant de la scène. Quels sentiments les animent, comment est caractérisée leur écoute ?

4. Considérations d'ordre général, faits divers et événement précis : quel équilibre se crée entre ces différentes matières ?

5. De *La Main d'écorché* (titre de la première version d'un conte de Maupassant sur le même thème) à *La Main* : commentez l'efficacité de cette simplification de l'auteur.

Point de vue et narration

1. Un étrange étranger : étudiez les modalités de présentation du héros. Que sait-on de son passé ? Mettez en relief les traits, physiques et autres, qui marquent sa singularité.

2. Une étrange héroïne : analysez la description, détaillée et comme au ralenti, que le juge d'instruction donne de la main (« Mais, au milieu du plus large panneau (...) assez fort pour tenir un éléphant en laisse », p. 119 ; « je touchai ce débris humain (...) à quelque vengeance de sauvage », p. 119).

3. Le domestique : quelle est sa fonction dans cette affaire ? En quoi sa présence permet-elle de rapprocher ce texte du récit policier ? Voyez-vous dans ce conte d'autres éléments qui annoncent ce genre narratif contemporain ?

4. Le cauchemar (p. 122) : quels procédés stylistiques (images, choix des verbes, reprises etc.) tendent à transmettre au lecteur un sentiment d'horreur ? Commentez cette première chute du récit : « L'index manquait » (p. 122).

5. La fermeture du cadre : évaluez la place qu'occupe l'énigme dans cette chute.

Aspects chronologiques et rythme narratif

1. L'incipit est marqué par l'usage continu de l'imparfait. Qu'apporte ce choix à la construction du cadre ? À qui renvoie au juste le pronom *On* initial ?

2. « J'étais *alors* juge d'instruction à Ajaccio » (pp. 116-117) ... Reconstruisez rapidement la chronologie du récit, en relevant les principaux indicateurs temporels qui l'articulent : par ex. « *Or*, j'appris *un jour* »... , « *Bientôt* tout le monde »...

3. *Or* : l'usage de cette conjonction est fréquent dans les récits contés de Maupassant. Compte tenu de quelques exemples d'emploi de *or*, tirés de ce conte ou des contes lus précédemment, essayez d'en définir la fonction par rapport à la progression du rythme narratif.

A n a l y s e

Sur quelques choix linguistiques

1. L'accent anglais de sir John Rowel : quels sont les principaux procédés de « transcription » adoptés par l'auteur pour nous communiquer l'impression d'une écoute directe ? Choisissez quelques-unes des répliques de sir John pour les " traduire " en bon français.

2. *En d'autres termes* : il a fallu abandonner cette affaire, « *faute de* moyens de l'éclaircir » (p. 115). Expliquez brièvement le sens de la locution adverbiale *faute de* et exprimez la même idée, en d'autres mots, dans le contexte donné. Observez les constructions suivantes : " *Faute de* mieux " ; " Ce n'est pas *de sa faute* " ; " *À qui la faute ?* " ; " *Sans faute* " ; " Une *faute de frappe* ". Comment pourrait-on exprimer le sens de chacune d'elles en d'autres termes ?

3. *Nuances* : « La chaîne, *brisée*, pendait » (p. 121) ; *briser / casser / ébrécher / fêler / fendre / rompre* : vérifiez le sens de ces verbes, et les nuances ou différences qui séparent leurs usages, au sens propre et au sens figuré. Proposez quelques exemples d'emploi.

Analyse

Étude d'extraits

1. *soin, aucun, haut, trouvé, serviteur, en, soupçonnait, fort, bras, querellé, armes, hasard*

   Replacez ces termes dans l'ordre voulu pour compléter l'extrait suivant :

   « Il se couchait .... tard et s'enfermait avec .... Il avait toujours des .... à portée du .... Souvent, la nuit, il parlait ...., comme s'il se fût .... avec quelqu'un. Cette nuit-là, par ...., il n'avait fait .... bruit, et c'est seulement .... venant ouvrir les fenêtres que le .... avait .... sir John assassiné. Il ne .... personne ».

   Vérifiez l'ordre des mots à la p. 122.

2. *L'inexplicable.* Dans le cadre du récit, M. Bermutier soutient : « Je ne crois qu'aux causes normales. Mais si, au lieu d'employer le mot " surnaturel " pour exprimer ce que nous ne connaissons pas, nous nous servions simplement du mot " inexplicable ", cela vaudrait beaucoup mieux » (p. 115). Commentez cette affirmation.

3. Choisissez à votre tour un bref extrait (de 5 à 10 lignes) à analyser, en privilégiant la perspective de l'énigme qui domine ce récit.

La Question du latin

La Question du latin

Cette question du latin, dont on nous abrutit depuis quelque temps [1], me rappelle une histoire, une histoire de ma jeunesse.

Je finissais mes études chez un marchand de soupe [2] d'une grande ville du Centre, à l'institution Robineau, célèbre dans toute la province par la force des études latines qu'on y faisait.

Depuis dix ans, l'institution Robineau battait, à tous les concours, le lycée impérial de la ville et tous les collèges des sous-préfectures, et ses succès constants étaient dus, disait-on, à un pion [3], un simple pion, M. Piquedent, ou plutôt le père Piquedent.

C'était un de ces demi-vieux tout gris, dont il est

1. C'est tout le dilemme, pour la programmation de l'enseignement des langues étrangères, de l'équilibre concernant avantages et inconvénients de l'apprentissage des langues mortes par rapport à celui des langues vivantes; dilemme alors fort débattu et, tous comptes faits, encore actuel dans les différents systèmes scolaires.

2. *Marchand de soupe* : petit restaurateur médiocre.

3. *Pion* (m., fam.) : ici, surveillant dans un établissement scolaire.

impossible de connaître l'âge et dont on devine l'histoire à première vue. Entré comme pion à vingt ans dans une institution quelconque, afin de pouvoir pousser ses études jusqu'à la licence ès lettres d'abord, et jusqu'au doctorat ensuite, il s'était trouvé engrené de telle sorte dans cette vie sinistre qu'il était resté pion toute sa vie. Mais son amour pour le latin ne l'avait pas quitté et le harcelait à la façon d'une passion malsaine. Il continuait à lire les poètes, les prosateurs, les historiens, à les interpréter, à les pénétrer, à les commenter, avec une persévérance qui touchait à la manie.

Un jour, l'idée lui vint de forcer tous les élèves de son étude [1] à ne lui répondre qu'en latin ; et il persista dans cette résolution, jusqu'au moment où ils furent capables de soutenir avec lui une conversation entière comme ils l'eussent fait dans leur langue maternelle.

Il les écoutait ainsi qu'un chef d'orchestre écoute répéter ses musiciens, et à tout moment frappant son pupitre de sa règle :

« Monsieur Lefrère, monsieur Lefrère, vous faites un solécisme [2] ! Vous ne vous rappelez donc pas la règle ?... »

« Monsieur Plantel, votre tournure de phrase est toute française et nullement latine. Il faut comprendre le génie d'une langue. Tenez, écoutez-moi... »

Or il arriva que les élèves de l'institution Robineau emportèrent, en fin d'année, tous les prix de thème, version et discours latins.

---

1. *Étude* (f.) : ici, classe où les élèves, après les heures de cours, apprennent leurs leçons et préparent leurs devoirs.
2. *Solécisme* (m.) : faute de syntaxe.

L'an suivant, le patron, un petit homme rusé comme un singe, dont il avait d'ailleurs le physique grimaçant et grotesque, fit imprimer sur ses programmes, sur ses réclames et peindre sur la porte de son institution :

« Spécialités d'études latines. — Cinq premiers prix remportés dans les cinq classes du lycée.

« Deux prix d'honneur au Concours général avec tous les lycées et collèges de France. »

Pendant dix ans l'institution Robineau triompha de la même façon. Or, mon père, alléché [1] par ces succès, me mit comme externe chez ce Robineau que nous appelions Robinetto ou Robinettino, et me fit prendre des répétitions spéciales avec le père Piquedent, moyennant cinq francs l'heure, sur lesquels le pion touchait deux francs et le patron trois francs. J'avais alors dix-huit ans, et j'étais en philosophie [2].

Ces répétitions avaient lieu dans une petite chambre qui donnait sur la rue. Il advint que le père Piquedent, au lieu de me parler latin, comme il faisait à l'étude, me raconta ses chagrins en français. Sans parents, sans amis, le pauvre bonhomme me prit en affection et versa dans mon cœur sa misère.

Jamais depuis dix ou quinze ans il n'avait causé seul à seul avec quelqu'un.

« Je suis comme un chêne dans un désert, disait-il. *Sicut quercus in solitudine.* »

Les autres pions le dégoûtaient ; il ne connaissait personne en ville, puisqu'il n'avait aucune liberté pour se faire des relations.

---

1. *Alléché* (fig.) : attiré, tenté.
2. *Philosophie* (f. ; fam. : *philo*) : classe terminale des lycées où on prépare les élèves au baccalauréat (v. *Décoré !*, note 3 p. 98).

« Pas même les nuits, mon ami, et c'est le plus dur pour moi. Tout mon rêve serait d'avoir une chambre avec mes meubles, mes livres, de petites choses qui m'appartiendraient et auxquelles les autres ne pourraient pas toucher. Et je n'ai rien à moi, rien que ma culotte et ma redingote, rien, pas même mon matelas et mon oreiller ! Je n'ai pas quatre murs où m'enfermer, excepté quand je viens pour donner une leçon dans cette chambre. Comprenez-vous ça, vous, un homme qui passe toute sa vie sans avoir jamais le droit, sans trouver jamais le temps de s'enfermer tout seul, n'importe où, pour penser, pour réfléchir, pour travailler, pour rêver ? Ah ! mon cher, une clef, la clef d'une porte qu'on peut fermer, voilà le bonheur, le voilà, le seul bonheur !

« Ici, pendant le jour, l'étude avec tous ces galopins [1] qui remuent, et, pendant la nuit le dortoir avec ces mêmes galopins, qui ronflent. Et je dors dans un lit public au bout des deux files de ces lits de polissons [2] que je dois surveiller. Je ne peux jamais être seul, jamais ! Si je sors, je trouve la rue pleine de monde, et quand je suis fatigué de marcher, j'entre dans un café plein de fumeurs et de joueurs de billard. Je vous dis que c'est un bagne [3]. »

Je lui demandais :

« Pourquoi n'avez-vous pas fait autre chose, monsieur Piquedent ? »

Il s'écriait :

« Et quoi, mon petit ami, quoi ? Je ne suis ni bottier,

---

1. *Galopin* (m. fam.) : enfant turbulent, effronté.

2. *Polisson* (m.) : enfant désobéissant.

3. *Bagne* (m.) : lieu où résidaient les prisonniers condamnés aux travaux forcés.

ni menuisier, ni chapelier, ni boulanger, ni coiffeur. Je ne sais que le latin, moi, et je n'ai pas de diplôme qui me permette de le vendre cher. Si j'étais docteur, je vendrais cent francs ce que je vends cent sous ; et je le fournirais sans doute de moins bonne qualité, car mon titre suffirait à soutenir ma réputation. »

Parfois il me disait :

« Je n'ai de repos dans la vie que les heures passées avec vous. Ne craignez rien, vous n'y perdrez pas. À l'étude, je me rattraperai en vous faisant parler deux fois plus que les autres. »

Un jour je m'enhardis [1], et je lui offris une cigarette. Il me contempla d'abord avec stupeur, puis il regarda la porte :

« Si on entrait, mon cher !

— Eh bien, fumons à la fenêtre », lui dis-je.

Et nous allâmes nous accouder à la fenêtre sur la rue en cachant au fond de nos mains arrondies en coquille les minces rouleaux de tabac.

En face de nous était une boutique de repasseuses : quatre femmes en caraco [2] blanc promenaient sur le linge, étalé devant elles, le fer lourd et chaud qui dégageait une buée.

Tout à coup une autre, une cinquième, portant au bras un large panier qui lui faisait plier la taille, sortit pour aller rendre aux clients leurs chemises, leurs mouchoirs et leurs draps. Elle s'arrêta sur la porte comme si elle eût été fatiguée déjà ; puis elle leva les yeux, sourit en nous voyant fumer, nous jeta, de sa main restée libre, un baiser narquois [3] d'ouvrière

---

1. *S'enhardir* : oser ; devenir courageux, hardi.
2. *Caraco* (m.) : chemise de femme, légère et ample.
3. *Narquois* : à la fois malicieux et ironique ; moqueur.

insouciante ; et elle s'en alla d'un pas lent, en traînant ses chaussures.

C'était une fille de vingt ans, petite, un peu maigre, pâle, assez jolie, l'air gamin [1], les yeux rieurs sous des cheveux blonds mal peignés.

Le père Piquedent, ému, murmura :

« Quel métier, pour une femme ! Un vrai métier de cheval. »

Et il s'attendrit sur la misère du peuple. Il avait un cœur exalté de démocrate sentimental et il parlait des fatigues ouvrières avec des phrases de Jean-Jacques Rousseau [2] et des larmoiements [3] dans la gorge.

Le lendemain, comme nous étions accoudés à la même fenêtre, la même ouvrière nous aperçut et nous cria :

« Bonjour les écoliers ! d'une petite voix drôle, en nous faisant la nique [4] avec ses mains. »

Je lui jetai une cigarette, qu'elle se mit aussitôt à fumer. Et les quatre autres repasseuses se précipitèrent sur la porte, les mains tendues, afin d'en avoir aussi.

Et, chaque jour, un commerce d'amitié s'établit entre les travailleuses du trottoir et les fainéants [5] de la pension.

---

1. *Gamin* : qui rappelle l'esprit, l'aspect d'un enfant.

2. On sait combien Rousseau (v. *Le Testament,* note 2, p. 68) exalta dans ses essais la liberté et l'égalité. Si son influence fut capitale pour la naissance de la sensibilité et de l'écriture romantiques, elle le fut tout autant pour l'évolution de la pensée politique.

3. *Larmoiement* (m.) : ici, ton de quelqu'un qui pleure à chaudes larmes.

4. *Faire la nique* (expr. figée) : faire un geste, un signe de mépris moqueur.

5. *Fainéant* (m.) : personne qui n'a envie de rien faire; paresseux.

« Quel métier, pour une femme ! Un vrai métier de cheval. »

La Question du latin

Le père Piquedent était vraiment comique à voir. Il tremblait d'être aperçu, car il aurait pu perdre sa place, et il faisait des gestes timides et farces [1], toute une mimique d'amoureux sur la scène, à laquelle les femmes répondaient par une mitraille de baisers.

Une idée perfide me germait dans la tête. Un jour, en entrant dans notre chambre, je dis, tout bas, au vieux pion :

« Vous ne croiriez pas, monsieur Piquedent, j'ai rencontré la petite blanchisseuse ! Vous savez bien, celle au panier, et je lui ai parlé ! »

Il demanda, un peu troublé par le ton que j'avais pris :

« Que vous a-t-elle dit ?

— Elle m'a dit... mon Dieu... elle m'a dit... qu'elle vous trouvait très bien... Au fond, je crois... je crois... qu'elle est un peu amoureuse de vous... »

Je le vis pâlir ; il reprit :

« Elle se moque de moi, sans doute. Ces choses-là n'arrivent pas à mon âge. »

Je dis gravement :

« Pourquoi donc ? Vous êtes très bien ! »

Comme je le sentais touché par ma ruse, je n'insistai pas.

Mais, chaque jour, je prétendis avoir rencontré la petite et lui avoir parlé de lui ; si bien qu'il finit par me croire et par envoyer à l'ouvrière des baisers ardents et convaincus.

Or, il arriva qu'un matin, en me rendant à la pension, je la rencontrai vraiment. Je l'abordai sans hésiter

---

1. *Farce* (fam et vieilli) : un peu ridicule, burlesque, drôle.
   Farce (f.) : petite pièce de théâtre comique populaire ; *faire une farce à quelqu'un* : lui jouer un tour plaisant.
   Farceur (m.) : personne qui, aimant dire ou faire des plaisanteries, ne parle pas ou n'agit pas sérieusement.

comme si je la connaissais depuis dix ans.

« Bonjour, mademoiselle. Vous allez bien ?

— Fort bien, monsieur, je vous remercie.

— Voulez-vous une cigarette ?

— Oh ! pas dans la rue.

— Vous la fumerez chez vous.

— Alors, je veux bien.

— Dites donc, mademoiselle, vous ne savez pas ?

— Quoi donc, monsieur ?

— Le vieux, mon vieux professeur...

— Le père Piquedent ?

— Oui, le père Piquedent. Vous savez donc son nom ?

— Parbleu ! Eh bien ?

— Eh bien, il est amoureux de vous ! »

Elle se mit à rire comme une folle et s'écria :

« C'te blague ! [1]

— Mais non, ce n'est pas une blague. Il me parle de vous tout le temps des leçons. Je parie qu'il vous épousera, moi ! »

Elle cessa de rire. L'idée du mariage rend graves toutes les filles. Puis elle répéta incrédule :

« C'te blague !

— Je vous jure que c'est vrai. »

Elle ramassa son panier posé devant ses pieds :

« Eh bien ! nous verrons, » dit-elle.

Et elle s'en alla.

Aussitôt entré à la pension, je pris à part le père Piquedent :

---

1. *Blague* (f., fam.) : plaisanterie, farce, tour. *C'te blague !* (= Cette blague !) : interjection qui marque l'incrédulité. *Blagueur* (m.) : personne qui aime dire des plaisanteries, des mensonges.

« Il faut lui écrire ; elle est folle de vous. »

Et il écrivit une longue lettre doucement tendre, pleine de phrases et de périphrases, de métaphores et de comparaisons, de philosophie et de galanterie universitaire, un vrai chef-d'œuvre de grâce burlesque, que je me chargeai de remettre à la jeune personne.

Elle la lut avec gravité, avec émotion, puis elle murmura :

« Comme il écrit bien ! On voit qu'il a reçu de l'éducation ! C'est-il vrai qu'il m'épouserait ? »

Je répondis intrépidement :

« Parbleu ! Il en perd la tête.

— Alors il faut qu'il m'invite à dîner dimanche à l'île des Fleurs. »

Je promis qu'elle serait invitée.

Le père Piquedent fut très touché de tout ce que je lui racontai d'elle.

J'ajoutai :

« Elle vous aime, monsieur Piquedent ; et je la crois une honnête fille. Il ne faut pas la séduire et l'abandonner ensuite ! »

Il répondit avec fermeté :

« Moi aussi je suis un honnête homme, mon ami. »

Je n'avais, je l'avoue, aucun projet. Je faisais une farce, une farce d'écolier, rien de plus. J'avais deviné la naïveté du vieux pion, son innocence et sa faiblesse. Je m'amusais sans me demander comment cela tournerait. J'avais dix-huit ans, et je passais pour un madré [1] farceur, au lycée, depuis longtemps déjà.

Donc il fut convenu que le père Piquedent et moi

---

1. *Madré* : très fin, expert, malin.

partirions en fiacre [1] jusqu'au bac [2] de la Queue-de-Vache, nous y trouverions Angèle, et je les ferais monter dans mon bateau, car je canotais en ce temps-là. Je les conduirais ensuite à l'île des Fleurs, où nous dînerions tous les trois. J'avais imposé ma présence, pour bien jouir de mon triomphe, et le vieux, acceptant ma combinaison, prouvait bien qu'il perdait la tête en effet en exposant ainsi sa place.

Quand nous arrivâmes au bac, où mon canot était amarré depuis le matin, j'aperçus dans l'herbe, ou plutôt au-dessus des hautes herbes de la berge, une ombrelle rouge énorme, pareille à un coquelicot monstrueux. Sous l'ombrelle nous attendait la petite blanchisseuse endimanchée [3]. Je fus surpris ; elle était vraiment gentille [4], bien que pâlotte, et gracieuse, bien que d'allure un peu faubourienne [5].

Le père Piquedent lui tira son chapeau en s'inclinant. Elle lui tendit la main, et ils se regardèrent sans dire un mot. Puis ils montèrent dans mon bateau et je pris les rames.

Ils étaient assis côte à côte, sur le banc d'arrière.

Le vieux parla le premier :

1. *Fiacre* (m.) : voiture à cheval de place et de louage.

2. *Bac* (m.) : bateau à fond plat qui sert à faire passer des voyageurs d'une rive à l'autre. Comme le précise Louis Forestier, « La géographie de ce conte est tout à fait fantaisiste [...] ; l'île des Fleurs et la Queue-de-Vache sont imaginaires » (in *C.N.*, tome II, p. 1584).

3. *Endimanché* : habillé comme pour le dimanche ou un autre jour de fête.

4. *Gentil* : ici , mignon, joli, charmant.

5. *Faubourien* : qui appartient à un quartier périphérique populaire (un *faubourg*) de Paris ; *d'allure* faubourienne : qui a l'apparence et le style faubouriens.

La Question du latin

« Voilà un joli temps, pour une promenade en barque. »

Elle murmura :

« Oh ! oui. »

Elle laissait traîner sa main dans le courant, effleurant l'eau de ses doigts, qui soulevaient un mince filet transparent, pareil à une lame de verre. Cela faisait un bruit léger, un gentil clapot, le long du canot.

Quand on fut dans le restaurant, elle retrouva la parole, commanda le dîner : une friture, un poulet et de la salade ; puis elle nous entraîna dans l'île, qu'elle connaissait parfaitement.

Alors elle fut gaie, gamine et même assez moqueuse.

Jusqu'au dessert, il ne fut pas question d'amour. J'avais offert du champagne, et le père Piquedent était gris [1]. Un peu partie elle-même, elle l'appelait :

« Monsieur Piquenez. »

Il dit tout à coup :

« Mademoiselle, M. Raoul vous a communiqué mes sentiments. »

Elle devint sérieuse comme un juge.

« Oui, monsieur !

— Y répondez-vous ?

— On ne répond jamais à ces questions-là ! »

Il soufflait d'émotion et reprit :

« Enfin, un jour viendra-t-il où je pourrai vous plaire ? »

Elle sourit :

« Gros bête ! Vous êtes très gentil.

— Enfin, mademoiselle, pensez-vous que plus tard, nous pourrions... ? »

---

1. *Gris* (fig. et fam.) : qui a bu un peu trop d'alcool; à moitié ivre.

Elle hésita, une seconde ; puis d'une voix tremblante :

« C'est pour m'épouser que vous dites ça ? Car jamais autrement, vous savez ?

— Oui, mademoiselle !

— Eh bien ! ça va, monsieur Piquenez ! »

C'est ainsi que ces deux étourneaux [1] se promirent le mariage, par la faute d'un galopin. Mais je ne croyais pas cela sérieux ; ni eux non plus, peut-être. Une hésitation lui vint à elle :

« Vous savez, je n'ai rien, pas quatre sous. »

Il balbutia, car il était ivre comme Silène [2] :

« Moi, j'ai cinq mille francs d'économies. »

Elle s'écria triomphante :

« Alors nous pourrions nous établir ? »

Il devint inquiet :

« Nous établir quoi ?

— Est-ce que je sais, moi ? Nous verrons. Avec cinq mille francs, on fait bien des choses. Vous ne voulez pas que j'aille habiter dans votre pension, n'est-ce pas ? »

Il n'avait point prévu jusque-là, et il bégayait fort perplexe :

« Nous établir quoi ? Ça n'est pas commode ! Moi je ne sais que le latin ! »

Elle réfléchissait à son tour, passant en revue toutes les professions qu'elle avait ambitionnées.

« Vous ne pourriez pas être médecin ?

— Non, je n'ai pas de diplôme.

---

1. *Étourneau* (m.) : petit oiseau; (fig.) personne inconsidérée, sans cervelle.

2. *Silène* : père nourricier de Dionysos, dieu de la vigne et du vin.

— Ni pharmacien ?

— Pas davantage. »

Elle poussa un cri de joie. Elle avait trouvé.

« Alors nous achèterons une épicerie ! Oh ! quelle chance ! nous achèterons une épicerie ! Pas grosse par exemple ; avec cinq mille francs on ne va pas loin. »

Il eut une révolte :

« Non, je ne peux pas être épicier... Je suis... je suis... je suis trop connu... Je ne sais que... que... que le latin... moi... »

Mais elle lui enfonçait dans la bouche un verre plein de champagne. Il but et se tut.

Nous remontâmes dans le bateau. La nuit était noire, très noire. Je vis bien, cependant, qu'ils se tenaient par la taille et qu'ils s'embrassèrent plusieurs fois.

Ce fut une catastrophe épouvantable. Notre escapade, découverte, fit chasser le père Piquedent. Et mon père, indigné, m'envoya finir ma philosophie dans la pension Ribaudet.

Je passai mon bachot [1] six semaines plus tard. Puis j'allai à Paris faire mon droit ; et je ne revins dans ma ville natale qu'après deux ans.

Au détour de la rue du Serpent une boutique m'accrocha l'œil. On lisait : *Produits coloniaux Piquedent*. Puis dessous, afin de renseigner les plus ignorants : *Épicerie*.

Je m'écriai :

« *Quantum mutatus ab illo !* » [2]

Il leva la tête, lâcha sa cliente et se précipita sur moi les mains tendues.

---

1. *Bachot* (m., fam.) : baccalauréat ; v. note 3, p. 98.

2. Qu'il a changé depuis ce temps-là !

« Ah ! mon jeune ami, mon jeune ami, vous voici ! Quelle chance ! Quelle chance ! »

Une belle femme, très ronde, quitta brusquement le comptoir [1] et se jeta sur mon cœur. J'eus de la peine à la reconnaître tant elle avait engraissé.

Je demandai :

« Alors ça va ? »

Piquedent s'était remis à peser :

« Oh ! très bien, très bien, très bien. J'ai gagné trois mille francs net, cette année !

— Et le latin, monsieur Piquedent ?

— Oh ! mon Dieu, le latin, le latin, le latin, voyez-vous, il ne nourrit pas son homme ! »

Le Gaulois, 2 septembre 1886

---

1. *Comptoir* (m.) : support long et étroit, sur lequel les commerçants montrent les marchandises demandées et reçoivent l'argent.

Analyse

L'agencement du texte

1. Les lieux : l'institution Robineau, la fenêtre, la boutique des repasseuses, l'île des Fleurs, l'épicerie Piquedent. Quelle est la fonction de ces différents lieux dans le déroulement de l'action ? Quelle atmosphère caractérise chacun d'eux ? Montrez comment les " déplacements " d'un lieu à l'autre contribuent à la construction de l'intrigue.

2. Le pion : tracez-en un bref portrait. Peut-on dire que ce récit conté appartient au genre *biographie* ?

3. L'ouvrière : à son « allure un peu faubourienne » (p. 140) correspond un langage un peu populaire. Relevez dans ses répliques quelques expressions et tournures qui révèlent ce niveau de langue et mettez en lumière le contraste qui sépare sa façon de parler de celle du père Piquedent.

4. Le conteur : que savons-nous de lui ? Quels sont ses rapports avec le héros et l'héroïne ? Quel est son rôle dans cette histoire ?

5. Le titre : comme presque tous les contes de Maupassant, ce récit a été publié pour la première fois dans un quotidien. Quel type de texte annonce au lecteur le titre choisi ? Appréciez, dans l'incipit (« Cette question du latin (...) une histoire de ma jeunesse »), la fusion entre l'art du chroniqueur et l'art du nouvelliste.

A n a l y s e

Point de vue et narration

1. Une boutique de repasseuses : « En face de nous (...) en traînant ses chaussures » (p. 134). Commentez l'efficacité de la perspective choisie (« nous allâmes nous accouder *à la fenêtre* sur la rue » p. 134) pour l'organisation du champ visuel.

2. La description de l'héroïne. Nous la voyons dans trois instantanés : « C'était une fille de vingt ans (...) mal peignés. » (p. 135) ; « Quand nous arrivâmes au bac (...) un peu faubourienne. » (p. 140); « Une belle femme (...) tant elle avait engraissé » (p. 144). Comparez ces brefs portraits.

3. Les dialogues : ils sont nombreux dans ce récit conté. Dressez-en une liste et, compte tenu de leur distribution dans les différentes phases du récit, donnez un titre à chacun d'eux. Commentez l'aspect théâtral qu'ils confèrent au texte.

4. Une lettre d'amour (« Il faut lui écrire (...) c'est-il vrai qu'il m'épouserait ? », p. 139) : analysez la description qu'en donne le conteur et mettez en lumière sa fonction par rapport aux dialogues.

5. Le choix des nom propres (de lieu et de personne) : montrez comment ils contribuent à orienter les différentes tonalités du récit conté: réaliste, romantique, humoristique etc.

Le quotidien et l'événement

1. Commentez l'usage continu du présent dans le paragraphe suivant : « Ici, pendant le jour, (...) c'est un bagne » (p. 133). Montrez comment les indicateurs temporels renforcent cette fonction particulière du temps verbal choisi par l'auteur.

2. « Mais elle lui enfonçait dans la bouche (...) dans la pension Ribaudet » (p. 143) : analysez l'alternance des temps du passé dans cet extrait.

3. « *Produits coloniaux Piquedent* » ; « *Épicerie* » ; « *Quantum mutatus ab illo* ». Justifiez ces emplois de l'italique. Citez d'autres cas où l'italique peut être utile, en précisant dans quels buts.

Sur quelques choix linguistiques

1. ***En d'autres termes*** : « avec une persévérance qui *touchait à* la manie » (p. 131) ; « de petites choses qui m'appartiendraient et *auxquelles* les autres ne pourraient pas *toucher* » (p. 133). La construction *toucher à quelque chose* n'a pas toujours le même sens. Remplacez-la par d'autres verbes dans les deux exemples donnés. Considérez également cet emploi tiré de *La Main* (p. 115) : « Cela touche au " surnaturel " ».

2. ***La notion*** d'" enfant "... plus ou moins turbulent.

chenapan	garnement	mioche	polisson
galopin	gosse	môme	vaurien
gamin	marmot	moutard	voyou

   Quels sont, parmi ces termes, ceux qui peuvent constituer une injure ? Précisez pour chacun d'eux si leur usage est considéré comme courant, familier ou populaire.

3. Les repasseuses promenaient sur le linge « le fer lourd et chaud qui dégageait *une buée* » (p. 134) = une légère vapeur.
   – La buée, la brume, le brouillard : qu'ont en commun ces phénomènes naturels ?

A n a l y s e

4. **Nuances** : *blagueur/farceur/fumiste/plaisantin/ mauvais plaisant.* Sans aucun doute, tous ces « individus » manquent de sérieux ! Mais pas exactement de la même façon. Mettez en lumière les nuances qui les séparent.

5. Relevez tous les noms de métiers qui figurent dans le texte. À quelles activités correspondent-ils ? Classez-les selon les catégories auxquelles ils appartiennent : artisan, commerçant, profession libérale, ouvrier, employé etc.

Étude d'extraits

1. *Une promenade avant dîner :* « Elle laissait traîner sa main dans le courant (...) dans l'île, qu'elle connaissait parfaitement » (p. 141). Analysez ce passage en montrant comment, en peu de traits, c'est toute une atmosphère qui surgit. Soulignez l'aspect pictural et l'aspect gastronomique de ce " tableau ".

2. *La Question du latin.* M. Piquedent affirme, dans la chute du récit, que le latin « ne nourrit pas son homme ». Partagez-vous son avis ? Quelle est votre opinion au sujet de l'enseignement/apprentissage du latin aujourd'hui ? Développez vos arguments oralement et/ou par écrit.

La Nuit

La Nuit

CAUCHEMAR

J'aime la nuit avec passion. Je l'aime comme on aime son pays ou sa maîtresse, d'un amour instinctif, profond, invincible. Je l'aime avec tous mes sens, avec mes yeux qui la voient, avec mon odorat qui la respire, avec mes oreilles qui en écoutent le silence, avec toute ma chair que les ténèbres caressent. Les alouettes chantent dans le soleil, dans l'air bleu, dans l'air chaud, dans l'air léger des matinées claires. Le hibou fuit dans la nuit, tache noire qui passe à travers l'espace noir, et, réjoui, grisé par la noire immensité, il pousse son cri vibrant et sinistre.

Le jour me fatigue et m'ennuie. Il est brutal et bruyant. Je me lève avec peine, je m'habille avec lassitude, je sors avec regret, et chaque pas, chaque mouvement, chaque geste, chaque parole, chaque pensée me fatigue comme si je soulevais un écrasant fardeau.

Mais quand le soleil baisse, une joie confuse, une joie de tout mon corps m'envahit. Je m'éveille, je m'anime. À mesure que l'ombre grandit, je me sens tout autre, plus jeune, plus fort, plus alerte, plus heureux. Je la regarde s'épaissir, la grande ombre douce tombée du ciel : elle noie la ville, comme une onde insaisissable et impénétrable, elle cache, efface, détruit les couleurs, les formes, étreint les maisons, les êtres, les monuments de son imperceptible toucher.

Alors j'ai envie de crier de plaisir comme les chouettes, de courir sur les toits comme les chats ; et un impétueux, un invincible désir d'aimer s'allume dans mes veines.

Je vais, je marche, tantôt dans les faubourgs assombris, tantôt dans les bois voisins de Paris, où j'entends rôder [1] mes sœurs les bêtes et mes frères les braconniers.

Ce qu'on aime avec violence finit toujours par vous tuer. Mais comment expliquer ce qui m'arrive ? Comment même faire comprendre que je puisse le raconter ? Je ne sais pas, je ne sais plus, je sais seulement que cela est. — Voilà.

Donc hier — était-ce hier ? — oui, sans doute, à moins que ce ne soit auparavant, un autre jour, un autre mois, une autre année, — je ne sais pas. Ce doit être hier pourtant, puisque le jour ne s'est plus levé, puisque le soleil n'a pas reparu. Mais depuis quand la nuit dure-t-elle ? Depuis quand ?... Qui le dira ? qui le saura jamais ?

Donc hier, je sortis comme je fais tous les soirs, après mon dîner. Il faisait très beau, très doux, très chaud. En descendant vers les boulevards, je regardais au-dessus de ma tête le fleuve noir et plein d'étoiles découpé dans le ciel par les toits de la rue qui tournait et faisait onduler comme une vraie rivière ce ruisseau roulant des astres.

---

1. *Rôder* : errer au hasard, souvent avec une intention suspecte. Subst. : *rôdeur*.

Tout était clair dans l'air léger, depuis les planètes jusqu'aux becs de gaz [1]. Tant de feux brillaient là-haut et dans la ville que les ténèbres en semblaient lumineuses. Les nuits luisantes sont plus joyeuses que les grands jours de soleil.

Sur le boulevard, les cafés flamboyaient [2] ; on riait, on passait, on buvait. J'entrai au théâtre, quelques instants ; dans quel théâtre ? je ne sais plus. Il y faisait si clair que cela m'attrista et je ressortis le cœur un peu assombri par ce choc de lumière brutale sur les ors du balcon [3], par le scintillement factice du lustre énorme de cristal, par la barrière du feu de la rampe [4], par la mélancolie de cette clarté fausse et crue. Je gagnai les Champs-Élysées où les cafés-concerts semblaient des foyers d'incendie dans les feuillages. Les marronniers frottés de lumière jaune avaient l'air peints, un air d'arbres phosphorescents. Et les globes électriques, pareils à des lunes éclatantes et pâles, à des œufs de lune tombés du ciel, à des perles monstrueuses, vivantes, faisaient pâlir sous leur clarté nacrée [5], mystérieuse et royale les filets de gaz, de vilain gaz sale, et les guirlandes de verres de couleur.

Je m'arrêtai sous l'Arc de Triomphe pour regarder l'avenue, la longue et admirable avenue étoilée, allant vers Paris entre deux lignes de feux, et les astres ! Les

---

1. *Bec* (m.) *de gaz* : lanterne munie de réflecteurs pour éclairer la voie publique ; réverbère.

2. *Flamboyer* : briller comme une flamme; jeter par intervalles une lumière éclatante.

3. *Balcon* (m.) : ici, galerie d'une salle de spectacle.

4. *Rampe* (f.) : au théâtre, rangée de lumières sur le devant de la scène.

5. *Nacre* (f.) : substance dure, qui prend les couleurs du prisme, produite par certains mollusques à l'intérieur de leur coquille. *Nacré* : qui a les reflets de la nacre.

Aux Ambassadeurs.

astres là-haut, les astres inconnus jetés au hasard dans l'immensité où ils dessinent ces figures bizarres, qui font tant rêver, qui font tant songer.

J'entrai dans le Bois de Boulogne et j'y restai longtemps, longtemps. Un frisson singulier m'avait saisi, une émotion imprévue et puissante, une exaltation de ma pensée qui touchait à la folie.

Je marchai longtemps, longtemps. Puis je revins.

Quelle heure était-il quand je repassai sous l'Arc de Triomphe ? Je ne sais pas. La ville s'endormait, et des nuages, de gros nuages noirs s'étendaient lentement sur le ciel.

Pour la première fois je sentis qu'il allait arriver quelque chose d'étrange, de nouveau. Il me sembla qu'il faisait froid, que l'air s'épaississait, que la nuit, que ma nuit bien-aimée, devenait lourde sur mon cœur. L'avenue était déserte, maintenant. Seuls, deux sergents de ville [1] se promenaient auprès de la station des fiacres, et, sur la chaussée à peine éclairée [2] par les becs de gaz qui paraissaient mourants, une file de voitures de légumes allait aux Halles [3]. Elles allaient lentement, chargées de carottes, de navets et de choux. Les conducteurs dormaient, invisibles, les chevaux marchaient d'un pas égal, suivant la voiture précédente, sans bruit, sur le pavé de bois. Devant chaque lumière du trottoir, les carottes s'éclairaient en rouge, les navets s'éclairaient en blanc, les choux

---

1. *Sergent* (m.) *de ville* : agent de police; gendarme.

2. Cette mise en lumière du défilé des voitures de légumes qui suit, « rappelle de très près les premières lignes du *Ventre de Paris* <1871> d'Émile Zola » (L. Forestier, in *C.N.*, tome II, p. 1640).

3. *Halles* (f. pl.) : marché central des denrées alimentaires; spécialement, quartier de Paris, alors animé toute la nuit.

Promenade au Bois de Boulogne.

Aux Halles.

s'éclairaient en vert ; et elles passaient l'une derrière l'autre, ces voitures rouges, d'un rouge de feu, blanches d'un blanc d'argent, vertes d'un vert d'émeraude. Je les suivis, puis je tournai par la rue Royale et revins sur les boulevards. Plus personne, plus de cafés éclairés, quelques attardés seulement qui se hâtaient [1]. Je n'avais jamais vu Paris aussi mort, aussi désert. Je tirai ma montre. Il était deux heures.

Une force me poussait, un besoin de marcher. J'allai donc jusqu'à la Bastille. Là, je m'aperçus que je n'avais jamais vu une nuit si sombre, car je ne distinguais pas même la colonne de Juillet, dont le génie d'or était perdu dans l'impénétrable obscurité. Une voûte de nuages, épaisse comme l'immensité, avait noyé les étoiles, et semblait s'abaisser sur la terre pour l'anéantir.

Je revins. Il n'y avait plus personne autour de moi. Place du Château-d'Eau, pourtant, un ivrogne faillit me heurter, puis il disparut. J'entendis quelque temps son pas inégal et sonore. J'allais. À la hauteur du faubourg Montmartre un fiacre passa, descendant vers la Seine. Je l'appelai. Le cocher ne répondit pas. Une femme rôdait près de la rue Drouot : « Monsieur, écoutez donc. » Je hâtai le pas pour éviter sa main tendue. Puis plus rien. Devant le Vaudeville, un chiffonnier [2] fouillait le ruisseau. Sa petite lanterne flottait au ras du sol. Je lui demandai : « Quelle heure est-il, mon brave ? »

Il grogna [3] : « Est-ce que je sais ! J'ai pas de montre. »

Alors je m'aperçus tout à coup que les becs de gaz étaient éteints. Je sais qu'on les supprime de bonne

---

1. *Se hâter* : ne pas perdre son temps, aller vite vers sa destination; se presser, se dépêcher.

2. *Chiffonnier* (m.) personne qui ramasse des chiffons pour les vendre. *Chiffon* (m.) : vieux morceau d'étoffe.

3. *Grogner* (fig.) : s'exprimer en manifestant du mécontentement.

Place de la Bastille en 1848.

heure, avant le jour, en cette saison, par économie ; mais le jour était encore loin, si loin de paraître !

« Allons aux Halles, pensai-je, là au moins je trouverai la vie. »

Je me mis en route, mais je n'y voyais même pas pour me conduire. J'avançais lentement, comme on fait dans un bois, reconnaissant les rues en les comptant.

Devant le Crédit Lyonnais, un chien grogna. Je tournai par la rue de Grammont, je me perdis ; j'errai, puis je reconnus la Bourse aux grilles de fer qui l'entourent. Paris entier dormait, d'un sommeil profond, effrayant. Au loin pourtant un fiacre roulait, un seul fiacre, celui peut-être qui avait passé devant moi tout à l'heure. Je cherchais à le joindre, allant vers le bruit de ses roues, à travers les rues solitaires et noires, noires, noires comme la mort.

Je me perdis encore. Où étais-je ? Quelle folie d'éteindre si tôt le gaz ! Pas un passant, pas un attardé, pas un rôdeur, pas un miaulement de chat amoureux. Rien.

Où donc étaient les sergents de ville ? Je me dis :

« Je vais crier, ils viendront. » Je criai. Personne ne répondit.

J'appelai plus fort. Ma voix s'envola, sans écho, faible, étouffée, écrasée par la nuit, par cette nuit impénétrable.

Je hurlai : « Au secours ! au secours ! au secours ! »

Mon appel désespéré resta sans réponse. Quelle heure était-il donc ? Je tirai ma montre, mais je n'avais point d'allumettes. J'écoutai le tic-tac léger de la petite mécanique avec une joie inconnue et bizarre. Elle semblait vivre. J'étais moins seul. Quel mystère ! Je me remis en marche comme un aveugle, en tâtant les murs de ma canne, et je levais à tout moment les yeux vers le ciel, espérant que le jour allait enfin paraître ; mais l'espace était noir, tout noir, plus profondément noir que la ville.

Quelle heure pouvait-il être ? Je marchais, me semblait-il, depuis un temps infini, car mes jambes fléchissaient [1] sous moi, ma poitrine haletait, et je souffrais de la faim horriblement.

Je me décidai à sonner à la première porte cochère [2]. Je tirai le bouton de cuivre, et le timbre tinta dans la maison sonore ; il tinta étrangement comme si ce bruit vibrant eût été seul dans cette maison.

J'attendis, on ne répondit pas, on n'ouvrit point la porte. Je sonnai de nouveau ; j'attendis encore — rien !

J'eus peur ! Je courus à la demeure suivante, et vingt fois de suite je fis résonner la sonnerie dans le couloir obscur où devait dormir le concierge. Mais il ne s'éveilla pas, — et j'allai plus loin, tirant de toutes mes forces les anneaux ou les boutons, heurtant de mes pieds, de ma canne et de mes mains les portes obstinément closes.

Et tout à coup, je m'aperçus que j'arrivais aux Halles. Les Halles étaient désertes, sans un bruit, sans un mouvement, sans une voiture, sans un homme, sans une botte [3] de légumes ou de fleurs. — Elles étaient vides, immobiles, abandonnées, mortes !

Une épouvante me saisit, — horrible. Que se passait-il ? Oh ! mon Dieu ! que se passait-il ?

Je repartis. Mais l'heure ? l'heure ? qui me dirait l'heure ? Aucune horloge ne sonnait dans les clochers ou dans les monuments. Je pensai : « Je vais ouvrir le

---

1. *Fléchir* : plier, en perdant de sa force.
2. *Porte* (f.) *cochère* : porte d'entrée à deux battants, destinée à faire entrer les voitures.
3. *Botte* (f.) : assemblage ordonné de végétaux liés ensemble.

verre de ma montre et tâter l'aiguille avec mes doigts. »
Je tirai ma montre... elle ne battait plus... elle était
arrêtée. Plus rien, plus rien, plus un frisson dans la
ville, pas une lueur, pas un frôlement [1] de son dans
l'air. Rien ! plus rien ! plus même le roulement lointain
du fiacre, — plus rien !

J'étais aux quais [2], et une fraîcheur glaciale montait
de la rivière.

La Seine coulait-elle encore ?

Je voulus savoir, je trouvai l'escalier, je descendis... Je
n'entendais pas le courant bouillonner sous les arches
du pont... Des marches encore... puis du sable... de la
vase... puis de l'eau... j'y trempai mon bras... elle
coulait... elle coulait... froide... froide... froide... presque
gelée... presque tarie [3]... presque morte.

Et je sentais bien que je n'aurais plus jamais la force
de remonter... et que j'allais mourir là... moi aussi, de
faim — de fatigue — et de froid.

Gil Blas, 14 juin 1887

---

1. *Frôlement* (m.) : contact très léger, superficiel et rapide.
2. *Quai* (m.) : ici, voie publique le long d'un cours d'eau.
3. *Tari* : sans eau, à sec.

A n a l y s e

L'agencement du texte

1. L'incipit : comparez cette " déclaration d'amour " pour la nuit à celle concernant la mer en hiver, dans l'incipit de *Épaves* (v. p. 20). Qu'ont en commun ces deux parties liminaires ? En quoi, au contraire, se distinguent-elles ?

2. Le conteur : que savons-nous de lui ? Qui rencontre-t-il, à qui adresse-t-il la parole au cours de la promenade qu'il nous décrit ?

3. L'itinéraire : quels sont les lieux parcourus ? Suivons le conteur, de préférence à l'aide d'un plan de Paris.

4. « Il faisait très beau, très doux, très chaud » (p. 151). Dans ce simple détail (rappelons que ce récit a été publié pour la première fois un mois de juin), conjugué à la précision topographique vue plus haut, peut se refléter la réalité quotidienne des premiers lecteurs parisiens de *La Nuit*. Commentez l'effet du contraste ainsi obtenu entre ordinaire et extraordinaire dans ce conte fantastique.

5. Cauchemar : l'emploi des sous-titres n'appartient pas au style de Maupassant nouvelliste. Quelles sont les raisons qui ont pu le pousser à s'en servir ici ?

Point de vue et narration

1. « Mais comment expliquer ce qui m'arrive ? (...) Qui le saura jamais ? » (p. 151). Analysez l'usage de la ponctuation dans ce passage. À qui le conteur adresse-t-il ses questions ?

2. Les lumières de Paris la nuit : « Tout était clair dans l'air léger. ... et les guirlandes de verres de couleur » (p. 152). Relevez dans ce tableau tous les termes qui renvoient, directement ou indirectement, à la notion de « clarté ».

3. Le Bois de Boulogne : quelle est sa fonction dans le déroulement du récit ? Montrez comment le double passage sous l'Arc de Triomphe contribue à la structuration de ce conte.

4. « L'avenue était déserte, maintenant. ... vertes d'un vert d'émeraude » (pp. 154, 156) : étudiez les mouvements et la mise en lumière de cette scène (clairs-obscurs, teintes, couleurs...).

5. Le fiacre : quelle place occupe-t-il dans la suite du récit ? Montrez comment sa présence/absence renforce la progression de la tension cauchemardesque.

Le temps disparu

1. « J'avançais lentement, comme on fait dans un bois, reconnaissant les rues en les comptant » (p. 158). À l'épaississement de l'obscurité, correspondent la perte de la notion du temps et la disparition du sens de l'orientation. Mettez en relief la confluence des coordonnées spatio/temporelles qui caractérise cette phase culminante du récit conté.

2. La voix : « Où donc étaient les sergents de ville (...) Mon appel désespéré resta sans réponse. » (p. 158). En quoi la sensation décrite ici peut-elle être considérée comme caractéristique du mauvais rêve ?

3. Les sons : à la voix du conteur, perçue comme « sans écho, faible, étouffée, écrasée » ... succèdent d'autres sons (p. 158) qui restent, eux aussi, sans réponse. Énumérez-les et étudiez le crescendo des sensations éprouvées alors par le narrateur.

4. La montre : soulignez le côté surréel de sa présence/absence.

5. Les points de suspension : analysez leur usage dans la chute du récit.

Sur quelques choix linguistiques

1. *L'alouette, le hibou, la chouette* (pp. 150-151) : quels sentiments peuvent transmettre ces oiseaux, traditionnellement et dans l'optique particulière de ce début de récit ?

2. **En d'autres termes** : « *À mesure que* l'ombre grandit » ... (p. 150) = à proportion que. Dites en d'autres termes l'idée exprimée par l'usage du mot *mesure* dans chacun des exemples suivants: " Il parle le chinois, mais il n'*est* pas *en mesure* de le lire " ; " Elle nous aidera *dans la mesure* du possible " ; " J'ai recopié chaque paragraphe *au fur et à mesure* ".

Étude d'extraits

1. Les *Champs-Élysées la nuit* : « Je gagnai les Champs-Élysées (...) et les guirlandes de verres de couleur » (p. 152). Analysez cet extrait, en étudiant de près la mise en lumière et les images employées.

2. *Rencontres* : « Je revins. Il n'y avait plus personne autour de moi (...) " j'ai pas de montre " », (p. 156). Les personnes rencontrées semblent surgir dans l'espace vide comme des apparitions. Quels sont les choix stylistiques qui visent à communiquer au lecteur cette impression ? Examinez en particulier le rythme de la succession des phrases et l'effet des sons qui traversent le silence de la nuit. Analysez la forme et la fonction de la réponse du chiffonnier.

3. Choisissez à votre tour un bref passage à analyser pour mettre en relief une des phases du mouvement progressif – de la joie à l'épouvante – qui caractérise ce conte. Proposez un titre pour l'extrait choisi.

Nos lettres

Nos lettres

Huit heures de chemin de fer déterminent le sommeil chez les uns et l'insomnie chez les autres. Quant à moi, tout voyage m'empêche de dormir, la nuit suivante.

J'étais arrivé vers cinq heures chez mes amis Muret d'Artus pour passer trois semaines dans leur propriété d'Abelle. C'est une jolie maison bâtie à la fin du dernier siècle par un de leurs grands-pères, et restée dans la famille. Elle a donc ce caractère intime des demeures toujours habitées, meublées, animées, vivifiées par les mêmes gens. Rien n'y change ; rien ne s'évapore de l'âme du logis, jamais démeublé, dont les tapisseries n'ont jamais été déclouées, et se sont usées, pâlies, décolorées sur les mêmes murs. Rien ne s'en va des meubles anciens, dérangés seulement de temps en temps pour faire place à un meuble neuf, qui entre là comme un nouveau-né au milieu de frères et de sœurs.

La maison est sur un coteau, au milieu d'un parc en pente jusqu'à la rivière qu'enjambe [1] un pont de pierre en dos d'âne. Derrière l'eau, des prairies s'étendent où vont, d'un pas lent, de grosses vaches nourries d'herbe

---

1. *Enjamber* (fig.) : passer par-dessus.

mouillée, et dont l'œil humide semble plein de rosées, des brouillards et de la fraîcheur des pâturages. J'aime cette demeure comme on aime ce qu'on désire ardemment posséder. J'y reviens tous les ans, à l'automne, avec un plaisir infini ; je la quitte avec regret.

Après que j'eus dîné dans cette famille amie, si calme, où j'étais reçu comme un parent, je demandai à Paul Muret, mon camarade :

« Quelle chambre m'as-tu donnée, cette année ?

— La chambre de tante Rose. »

Une heure plus tard, Mme Muret d'Artus, suivie de ses trois enfants, deux grandes fillettes et un galopin de garçon, m'installait dans cette chambre de la tante Rose, où je n'avais point encore couché.

Quand j'y fus seul, j'examinai les murs, les meubles, toute la physionomie de l'appartement, pour y installer mon esprit. Je la connaissais, mais peu, seulement pour y être entré plusieurs fois et pour avoir regardé, d'un coup d'œil indifférent, le portrait au pastel de tante Rose, qui donnait son nom à la pièce.

Elle ne me disait rien du tout, cette vieille tante Rose en papillotes [1], effacée derrière le verre. Elle avait l'air d'une bonne femme [2] d'autrefois, d'une femme à principes et à préceptes, aussi forte sur les maximes de morale que sur les recettes de cuisine, d'une de ces vieilles tantes qui effraient la gaieté et qui sont l'ange morose [3] et ridé [4] des familles de province.

---

1. *Papillote* (f.) : mèche de cheveux enroulée et fixée sur la tête.

2. *Bonne femme* (f., expr. figée) : femme simple, ordinaire, sans intelligence ni culture particulières.

3. *Morose* : qui a un caractère triste et éteint.

4. *Ridé* : dont le visage vieilli porte les traces du temps, des *rides* (f.).

Sur l'eau

Je n'avais point entendu parler d'elle, d'ailleurs ; je ne savais rien de sa vie ni de sa mort. Datait-elle de ce siècle ou du précédent ? Avait-elle quitté cette terre après une existence plate ou agitée ? Avait-elle rendu au ciel une âme pure de vieille fille [1], une âme calme d'épouse, une âme tendre de mère ou une âme remuée par l'amour ? Que m'importait ? Rien que ce nom : « tante Rose », me semblait ridicule, commun, vilain.

Je pris un des flambeaux pour regarder son visage sévère, haut suspendu dans un ancien cadre de bois doré. Puis, l'ayant trouvé insignifiant, désagréable, antipathique même, j'examinai l'ameublement. Il datait, tout entier, de la fin de Louis XVI, de la Révolution et du Directoire [2].

Rien, pas une chaise, pas un rideau, n'avait pénétré depuis lors dans cette chambre, qui sentait le souvenir, odeur subtile, odeur du bois, des étoffes, des sièges, des tentures, en certains logis où des cœurs ont vécu, ont aimé, ont souffert.

Puis je me couchai, mais je ne dormis pas. Au bout d'une heure ou deux d'énervement, je me décidai à me relever et à écrire des lettres.

J'ouvris un petit secrétaire d'acajou [3] à baguettes de cuivre [4], placé entre les deux fenêtres, en espérant y trouver du papier et de l'encre. Mais je n'y découvris rien qu'un porte-plume très usé, fait d'une pointe de

---

1. *Vieille fille* (f., expr. figée) : femme célibataire d'un certain âge.

2. *Le Directoire* : période de transition entre le gouvernement révolutionnaire et l'époque napoléonienne ; ces meubles datent donc de la fin du XVIIIᵉ siècle.

3. *Acajou* (m.) : joli bois très dur, d'un brun rougeâtre, généralement poli.

4. *Cuivre* (m.) : métal rouge, malléable et ductile.

porc-épic et un peu mordu par le bout. J'allais refermer le meuble quand un point brillant attira mon œil : c'était une sorte de tête de pointe, jaune, et qui faisait une petite saillie ronde, dans l'encoignure [1] d'une tablette.

L'ayant grattée avec mon doigt, il me sembla qu'elle remuait. Je la saisis entre deux ongles et je tirai tant que je pus. Elle s'en vint tout doucement. C'était une longue épingle d'or, glissée et cachée en un trou du bois.

Pourquoi cela ? Je pensai immédiatement qu'elle devait servir à faire jouer un ressort [2] qui cachait un secret, et je cherchai. Ce fut long. Après deux heures au moins d'investigations, je découvris un autre trou presque en face du premier, mais au fond d'une rainure [3]. J'enfonçai dedans mon épingle : une petite planchette me jaillit au visage, et je vis deux paquets de lettres, de lettres jaunies nouées avec un ruban bleu.

Je les ai lues. Et j'en transcris deux ici :

« Vous voulez donc que je vous rende vos lettres, ma si chère amie ; les voici, mais cela me fait une grande peine. De quoi donc avez-vous peur ? que je les perde ? mais elles sont sous clef. Qu'on me les vole ? mais j'y veille, car elles sont mon plus cher trésor.

« Oui, cela m'a fait une peine extrême. Je me suis demandé si vous n'aviez point, au fond du cœur, quelque regret ? Non point le regret de m'avoir aimé, car je sais que vous m'aimez toujours, mais le regret

---

1. *Encoignure* (f.) : angle intérieur formé par deux plans qui se rencontrent.

2. *Ressort* (m.) : dispositif métallique élastique qui sert à produire un mouvement.

3. *Rainure* (f.) : incision, entaille longue et étroite, dans une pièce de bois.

d'avoir exprimé sur du papier blanc cet amour vif, en des heures où votre cœur se confiait non pas à moi, mais à la plume que vous teniez à la main. Quand nous aimons, il nous vient des besoins de confidence, des besoins attendris de parler ou d'écrire, et nous parlons, et nous écrivons. Les paroles s'envolent, les douces paroles faites de musique, d'air et de tendresse, chaudes, légères, évaporées aussitôt que dites, qui restent dans la mémoire seule, mais que nous ne pouvons ni voir, ni toucher, ni baiser, comme les mots qu'écrivit votre main. Vos lettres ? Oui, je vous les rends ! Mais quel chagrin [1] !

« Certes, vous avez eu, après coup, la délicate pudeur des termes ineffaçables. Vous avez regretté, en votre âme sensible et craintive et que froisse une nuance insaisissable, d'avoir écrit à un homme que vous l'aimiez. Vous vous êtes rappelé des phrases qui ont ému votre souvenir, et vous vous êtes dit : " Je ferai de la cendre avec ces mots. "

« Soyez contente, soyez tranquille. Voici vos lettres. Je vous aime.»

« Mon ami,

« Non, vous n'avez pas compris, vous n'avez pas deviné. Je ne regrette point, je ne regretterai jamais de vous avoir dit ma tendresse. Je vous écrirai toujours, mais vous me rendrez toutes mes lettres, aussitôt reçues.

« Je vais vous choquer beaucoup, mon ami, si je vous dis la raison de cette exigence. Elle n'est pas poétique, comme vous le pensiez, mais pratique. J'ai peur, non de vous, certes, mais du hasard. Je suis coupable. Je ne

---

1. *Chagrin* (m.) : tristesse subjective, douleur, souffrance.

veux pas que ma faute atteigne d'autres que moi.

« Comprenez-moi bien. Nous pouvons mourir, vous ou moi. Vous pouvez mourir d'une chute de cheval, puisque vous montez chaque jour ; vous pouvez mourir d'une attaque, d'un duel, d'une maladie de cœur, d'un accident de voiture, de mille manières, car, s'il n'y a qu'une mort, il y a plus de façons de la recevoir que nous n'avons de jours à vivre.

« Alors, votre sœur, votre frère et votre belle-sœur trouveront mes lettres ?

« Croyez-vous qu'ils m'aiment ? Moi, je ne le crois guère. Et puis, même s'ils m'adoraient, est-il possible que deux femmes et un homme, sachant un secret — un secret pareil, — ne le racontent pas ?

« J'ai l'air de dire un très vilaine chose en parlant d'abord de votre mort et ensuite en soupçonnant la discrétion des vôtres.

« Mais nous mourrons tous, un jour ou l'autre, n'est-ce pas ? et il est presque certain qu'un de nous deux précédera l'autre sous terre. Donc, il faut prévoir tous les dangers, même celui-là.

« Quant à moi, je garderai vos lettres à côté des miennes, dans le secret de mon petit secrétaire. Je vous les montrerai là, dans leur cachette [1] de soie, côte à côte dormant, pleines de notre amour, comme des amoureux dans un tombeau.

« Vous allez me dire : " Mais si vous mourez la première, ma chère, votre mari les trouvera, ces lettres. "

« Oh ! moi, je ne crains rien. D'abord, il ne connaît point le secret de mon meuble, puis il ne le cherchera pas. Et même s'il le trouve, après ma mort, je ne crains rien.

---

1. *Cachette* (f.) : lieu secret, propice à cacher quelque chose.

« Avez-vous quelquefois songé à toutes les lettres d'amour trouvées dans les tiroirs des mortes ? Moi, depuis longtemps, j'y pense, et ce sont mes longues réflexions là-dessus qui m'ont décidée à vous réclamer mes lettres.

« Songez donc que jamais, vous entendez bien, jamais une femme ne brûle, ne déchire, ne détruit les lettres où on lui dit qu'elle est aimée. Toute notre vie est là, tout notre espoir, toute notre attente, tout notre rêve. Ces petits papiers qui portent notre nom et nous caressent avec de douces choses, sont des reliques, et nous adorons les chapelles, nous autres, surtout les chapelles dont nous sommes les saintes. Nos lettres d'amour, ce sont nos titres de beauté, nos titres de grâce et de séduction, notre orgueil intime de femmes, ce sont les trésors de notre cœur. Non, non, jamais une femme ne détruit ces archives secrètes et délicieuses de sa vie.

« Mais nous mourons, comme tout le monde et alors... alors ces lettres, on les trouve ! Qui les trouve ? l'époux ? Alors que fait-il ? — Rien. Il les brûle, lui.

« Oh ! j'ai beaucoup songé à cela, beaucoup. Songez que tous les jours meurent des femmes qui ont été aimées, que tous les jours les traces, les preuves de leur faute tombent entre les mains du mari, et que jamais un scandale n'éclate, que jamais un duel n'a lieu.

« Pensez, mon cher, à ce qu'est l'homme, le cœur de l'homme. On se venge d'une vivante ; on se bat avec l'homme qui vous déshonore, on le tue tant qu'elle vit, parce que... oui, pourquoi ? Je ne le sais pas au juste [1]. Mais, si on trouve, après sa mort, à elle, des preuves pareilles, *on* les brûle, et *on* ne sait rien, et *on* continue

---

1. *Au juste* (loc. adv.) : exactement.

« ... on se bat avec l'homme qui vous déshonore, on le
tue tant qu'elle vit ... »

à tendre la main à l'ami de la morte, et *on* est fort satisfait que ces lettres ne soient pas tombées en des mains étrangères et de savoir qu'elles sont détruites.

« Oh ! que j'en connais, parmi mes amis, des hommes qui ont dû brûler ces preuves, et qui feignent [1] ne rien savoir, et qui se seraient battus avec rage s'ils les avaient trouvées quand elle vivait encore. Mais elle est morte. L'honneur a changé. La tombe c'est la prescription de la faute conjugale.

« Donc je peux garder nos lettres qui sont, entre vos mains, une menace pour nous deux.

« Osez dire que je n'ai pas raison.

« Je vous aime et je baise vos cheveux.

« ROSE. »

J'avais levé les yeux sur le portrait de la tante Rose, et je regardais son visage sévère, ridé, un peu méchant, et je songeais à toutes ces âmes de femmes que nous ne connaissons point, que nous supposons si différentes de ce qu'elles sont, dont nous ne pénétrons jamais la ruse native et simple, la tranquille duplicité, et le vers de Vigny me revint à la mémoire :

Toujours ce compagnon dont le cœur n'est pas sûr. [2]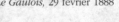

Le Gaulois, 29 février 1888

---

1. *Feindre* : manifester quelque chose qui ne correspond pas à la réalité, à la vérité; faire semblant.
2. Vers de la *Colère de Samson*, du poète romantique Alfred de Vigny (1797-1863).

A n a l y s e

L'agencement du texte

1. Commentez le passage du général au particulier qui marque les lignes liminaires.

2. Le train, la maison des Muret d'Artus, la chambre de tante Rose, son secrétaire, la cachette, deux paquets de lettres, deux lettres... Montrez comment la succession de ces " lieux ", le passage au ralenti de l'un à l'autre, la progression vers un espace de plus en plus *privé*, structurent le mouvement d'ensemble de ce récit conté.

3. Le portrait du portrait : analysez la description du pastel et les premières impressions qu'il suscite chez le conteur. Dans la chute du récit, les yeux du narrateur " rencontrent " à nouveau ceux de tante Rose. Évaluez la distance qui sépare ces deux moments. Commentez le passage de l'individuel (tante Rose) au collectif (« toutes ces âmes de femmes ») sur lequel se clôt le conte. Qu'apporte, dans cette optique, la citation finale du vers de Vigny ?

4. Le secret du secrétaire : dans quelle perspective ce meuble est-il montré ? Relevez tous les termes techniques employés dans cette description et précisez leur fonction dans cette phase de l'intrigue.

5. La lettre sur les lettres : c'est ainsi que l'on pourrait définir le texte signé « Rose ». Reliez cette constatation au titre choisi par l'auteur : à qui peut renvoyer l'adjectif possessif *nos* ?

A n a l y s e

Point de vue et narration

1. « une petite planchette me jaillit au visage, et je vis deux paquets de lettres jaunies, nouées avec un ruban bleu.

   Je les ai lues. Et j'en transcris deux ici : » (p. 169). Appréciez la précision des détails visuels donnés dans cette transition. Du point de vue du lecteur, qu'implique la sélection avouée par le conteur ?

2. Commentez le glissement d'une première personne (*je*) à l'autre. Laquelle des trois premières personnes concernées peut être considérée comme l'héroïne de ce récit, et pourquoi ?

3. À la lumière d'autres emplois de la forme épistolaire chez Maupassant nouvelliste, dans les contes lus précédemment (v. *infra*, *La Veillée* et *Le Testament*), démontrez l'efficacité de ce procédé stylistique dans l'élaboration du récit bref.

Le passé retrouvé

1. La chambre, le portrait, la lettre : trois lieux – éloignés l'un de l'autre – de " lecture " d'une identité. Montrez comment chacun d'eux contribue, différemment ici, à la reconstruction d'une vie.

2. *L'humble vérité :* tel est le sous-titre du premier roman de Maupassant, *Une vie* (1883). Dans quelle mesure pourrait-il s'appliquer à ce conte ?

3. « Mais, si on trouve, après sa mort, à elle, des preuves pareilles, *on* les brûle, et *on* ne sait rien, et *on* continue à tendre la main à l'ami de la morte, et *on* est fort satisfait » ... (pp. 172, 174). Commentez l'usage répété du pronom *on* dans cette phrase et expliquez la fonction de l'italique systématique choisi par l'auteur.

A n a l y s e

Sur quelques choix linguistiques

1. **En d'autres termes** : « *Elle ne me disait rien du tout,* cette vieille tante Rose » (p. 167) = elle ne me plaisait pas beaucoup. Exprimez en d'autres mots le sens de chacune des phrases suivantes : " *Ça vous dirait d'aller au cinéma ?* " ; " *Si ça t'amuse...* " ; « *Si le cœur vous en dit* » ; " *Si ça te chante...* ". Remarquez que toutes ces tournures sont familières.

2. « Je ne veux pas que ma faute *atteigne* (= touche, frappe) d'autres que moi » (pp. 170-171). Le verbe *atteindre* a d'autres sens : *arriver* à (un lieu) ; *réussir, parvenir à, toucher* (par exemple un objectif ; un but ; la perfection), *blesser, attaquer, émouvoir, troubler* etc. Donnez quelques exemples d'emploi de ce verbe.

3. **La notion** de " faire disparaître " :

cacher	maquiller	receler
cambrioler	masquer	subtiliser
dérober	piquer	voiler
détourner	rafler	voler

   Expliquez brièvement le sens de chacun de ces verbes. Précisez pour lesquels d'entre eux l'usage est uniquement familier.

4. *une cachette, en cachette, un cachot, une cachotterie, un cachottier* : quels sont les traits qui unissent ces différents termes ?

Analyse

1. *J'aime cette demeure* : « La maison est sur un coteau, (...) je la quitte avec regret » (pp. 166-167). Analysez ce passage, en étudiant de près l'organisation de l'espace. Que communique au lecteur le rythme de la succession des dernières phrases à la première personne ?

2. *Une chambre qui sent le souvenir* : « Rien, pas une chaise, pas un rideau (...) ont souffert » (p. 168). Commentez ce bref paragraphe, en observant la distribution des mots qui le composent.

3. À vous de choisir quelques lignes à analyser et à commenter, de préférence tirées de l'une des deux lettres " transcrites " par le narrateur. Donnez un titre à l'extrait choisi.

Les Tombales

Les Tombales

Les cinq amis achevaient de dîner, cinq hommes du monde, mûrs, riches, trois mariés, deux restés garçons. Ils se réunissaient ainsi tous les mois, en souvenir de leur jeunesse, et après avoir dîné, ils causaient jusqu'à deux heures du matin. Restés amis intimes, et se plaisant ensemble, ils trouvaient peut-être là leurs meilleurs soirs dans la vie. On bavardait sur tout, sur tout ce qui occupe et amuse les Parisiens ; c'était entre eux, comme dans la plupart des salons d'ailleurs, une espèce de recommencement parlé de la lecture des journaux du matin.

Un des plus gais était Joseph de Bardon, célibataire et vivant la vie parisienne de la façon la plus complète et la plus fantaisiste. Ce n'était point un débauché ni un dépravé, mais un curieux, un joyeux encore jeune ; car il avait à peine quarante ans. Homme du monde dans le sens le plus large et le plus bienveillant que puisse mériter ce mot, doué de beaucoup d'esprit sans grande profondeur, d'un savoir varié sans érudition vraie, d'une compréhension agile sans pénétration sérieuse, il tirait de ses observations, de ses aventures, de tout ce qu'il voyait, rencontrait et trouvait, des anecdotes de roman comique et philosophique en même temps, et des remarques humoristiques qui lui faisaient par la ville une grande réputation d'intelligence.

C'était l'orateur du dîner. Il avait la sienne, chaque fois, son histoire, sur laquelle on comptait. Il se mit à la dire sans qu'on l'en eût prié.

Fumant, les coudes sur la table, un verre de fine champagne à moitié plein devant son assiette, engourdi dans une atmosphère de tabac aromatisée par le café chaud, il semblait chez lui tout à fait, comme certains êtres sont chez eux absolument, en certains lieux et en certains moments, comme une dévote dans une chapelle, comme un poisson rouge dans son bocal.

Il dit, entre deux bouffées [1] de fumée :

« Il m'est arrivé une singulière aventure il y a quelque temps. »

Toutes les bouches demandèrent presque ensemble :
« Racontez. »

Il reprit :

Volontiers. Vous savez que je me promène beaucoup dans Paris, comme les bibelotiers [2] qui fouillent les vitrines. Moi je guette [3] les spectacles, les gens, tout ce qui passe, et tout ce qui se passe.

Or, vers la mi-septembre, il faisait très beau temps à ce moment-là, je sortis de chez moi, une après-midi, sans savoir où j'irais. On a toujours un vague désir de faire une visite à une jolie femme quelconque. On

---

1. *Bouffée* (f.) : souffle rapide et passager, intermittent.

2. *Bibelotier* (m.) : collectionneur de petits objets curieux et décoratifs, de *bibelots* (m.).

3. *Guetter* : ici, regarder avec beaucoup de curiosité et d'attention.

choisit dans sa galerie, on les compare dans sa pensée, on pèse l'intérêt qu'elles vous inspirent, le charme qu'elles vous imposent et on se décide enfin suivant l'attraction du jour. Mais quand le soleil est très beau et l'air tiède, ils vous enlèvent souvent toute envie de visites.

Le soleil était beau, et l'air tiède ; j'allumai un cigare et je m'en allai tout bêtement sur le boulevard extérieur. Puis comme je flânais, l'idée me vint de pousser jusqu'au cimetière Montmartre et d'y entrer.

J'aime beaucoup les cimetières, moi, ça me repose et me mélancolise : j'en ai besoin. Et puis, il y a aussi de bons amis là-dedans, de ceux qu'on ne va plus voir ; et j'y vais encore, moi, de temps en temps.

Justement, dans ce cimetière Montmartre, j'ai une histoire de cœur, une maîtresse qui m'avait beaucoup pincé [1], très ému, une charmante petite femme dont le souvenir, en même temps qu'il me peine énormément, me donne des regrets... des regrets de toute nature... Et je vais rêver sur sa tombe... C'est fini pour elle.

Et puis, j'aime aussi les cimetières, parce que ce sont des villes monstrueuses, prodigieusement habitées. Songez donc à ce qu'il y a de morts dans ce petit espace, à toutes les générations de Parisiens qui sont logés là, pour toujours, troglodytes définitifs enfermés dans leurs petits caveaux, dans leurs petits trous couverts d'une pierre ou marqués d'une croix, tandis que les vivants occupent tant de place et font tant de bruit, ces imbéciles.

Puis encore, dans les cimetières, il y a des monuments presque aussi intéressants que dans les

---

1. *Pincer* (fig. et fam.) : attraper par l'amour; séduire.

musées [1]. Le tombeau de Cavaignac m'a fait songer, je l'avoue, sans le comparer, à ce chef-d'œuvre de Jean Goujon : le corps de Louis de Brézé, couché dans la chapelle souterraine de la cathédrale de Rouen ; tout l'art dit moderne et réaliste est venu de là, messieurs. Ce mort, Louis de Brézé, est plus vrai, plus terrible, plus fait de chair inanimée, convulsée encore par l'agonie, que tous les cadavres tourmentés qu'on tortionne aujourd'hui sur les tombes.

Mais au cimetière Montmartre on peut encore admirer le monument de Baudin, qui a de la grandeur ; celui de Gautier, celui de Murger, où j'ai vu l'autre jour une seule pauvre couronne d'immortelles jaunes, apportée par qui ? par la dernière grisette [2], très vieille, et concierge aux environs, peut-être ? C'est une jolie statuette de Millet, mais que détruisent l'abandon et la saleté. Chante la jeunesse, ô Murger !

Me voici donc entrant dans le cimetière Montmartre, et tout à coup imprégné de tristesse, d'une tristesse qui ne faisait pas trop de mal, d'ailleurs, une de ces tristesses qui vous font penser, quand on se porte bien :

1. La statuaire à laquelle le narrateur fait ici allusion renvoie directement à la réalité historique et culturelle. La statue couchée d'Eugène Cavaignac, général et homme politique, est une œuvre du sculpteur romantique François Rude (1784-1855). Le tombeau de Louis de Brézé, dû à Jean Goujon (1510-1566), est considéré comme l'un des chefs-d'œuvre de la sculpture française de la Renaissance. Plus loin, nous verrons des œuvres de Jean-François Millet (1814-1875) : la statue de l'homme politique Alphonse Baudin et l'allégorie de la jeunesse sur le tombeau de l'écrivain romantique Henri Murger (1822-1861), dont les *Scènes de la vie de bohème* devaient inspirer à Giacomo Puccini son célèbre opéra *La Bohème* (1896). La statue qui orne le monument du poète et romancier Théophile Gautier (1811-1872) est du sculpteur Godebski (cf. L. Forestier, in *C.N.*, tome II, pp. 1717-1718).

2. *Grisette* (f.) : jeune ouvrière de mœurs légères.

« Ça n'est pas drôle, cet endroit-là, mais le moment n'en est pas encore venu pour moi... »

L'impression de l'automne, de cette humidité tiède qui sent la mort des feuilles et le soleil affaibli, fatigué, anémique, aggravait en la poétisant la sensation de solitude et de fin définitive flottant sur ce lieu, qui sent la mort des hommes.

Je m'en allais à petits pas dans ces rues de tombes, où les voisins ne voisinent [1] point, ne couchent plus ensemble et ne lisent pas de journaux. Et je me mis, moi, à lire les épitaphes. Ça, par exemple, c'est la chose la plus amusante du monde. Jamais Labiche, jamais Meilhac ne m'ont fait rire comme le comique de la prose tombale. Ah ! quels livres supérieurs à ceux de Paul de Kock [2] pour ouvrir la rate [3] que ces plaques de marbre et ces croix où les parents des morts ont épanché leurs regrets, leurs vœux pour le bonheur du disparu dans l'autre monde, et leur espoir de le rejoindre — blagueurs !

Mais j'adore surtout, dans ce cimetière, la partie abandonnée, solitaire, pleine de grands ifs et de cyprès, vieux quartier des anciens morts qui redeviendra bientôt un quartier neuf, dont on abattra les arbres verts, nourris de cadavres humains, pour aligner les récents trépassés sous de petites galettes de marbre.

Quand j'eus erré là le temps de me rafraîchir l'esprit,

---

1. *Voisiner* : vivre à proximité et en harmonie.

2. Eugène Labiche (1815-1888) et Henri Meilhac (1831-1897), auteurs de comédies légères (vaudevilles et opéras bouffes) très célèbres à l'époque. Paul de Kock (1793-1871), lui-même auteur de vaudevilles, connut également un grand succès populaire avec ses romans-feuilletons où il sut mêler thèmes romantiques et aspects réalistes.

3. *Ouvrir la rate* (fig. et fam.) : mettre de bonne humeur, faire rire.

je compris que j'allais m'ennuyer et qu'il fallait porter au dernier lit de ma petite amie l'hommage fidèle de mon souvenir. J'avais le cœur un peu serré en arrivant près de sa tombe. Pauvre chère, elle était si gentille, et si amoureuse, et si blanche, et si fraîche... et maintenant... si on ouvrait ça...

Penché sur la grille de fer, je lui dis tout bas ma peine, qu'elle n'entendit point sans doute, et j'allais partir quand je vis une femme en noir, en grand deuil, qui s'agenouillait sur le tombeau voisin. Son voile de crêpe relevé laissait apercevoir une jolie tête blonde, dont les cheveux en bandeaux semblaient éclairés par une lumière d'aurore sous la nuit de sa coiffure. Je restai.

Certes, elle devait souffrir d'une profonde douleur. Elle avait enfoui [1] son regard dans ses mains, et rigide, en une méditation de statue, partie en ses regrets, égrenant dans l'ombre des yeux cachés et fermés le chapelet [2] torturant des souvenirs, elle semblait elle-même être une morte qui penserait à un mort. Puis tout à coup je devinai qu'elle allait pleurer, je le devinai à un petit mouvement du dos pareil à un frisson de vent dans un saule [3]. Elle pleura doucement d'abord, puis plus fort, avec des mouvements rapides du cou et des épaules. Soudain elle découvrit ses yeux. Ils étaient pleins de larmes et charmants, des yeux de folle qu'elle promena autour d'elle, en une sorte de réveil de

---

1. *Enfouir* : cacher en mettant par-dessous; enterrer.

2. *Chapelet* (m.) : objet de dévotion catholique destiné à la prière, formé de grains groupés par dizaines. *Égrener le chapelet* (fig.) des souvenirs : évoquer mentalement, faire défiler toute une série de souvenirs.

3. *Saule* (m.) : arbre qui vit près de l'eau. *Saule pleureur* : saule à branches tombantes.

« ... ces rues de tombes, où les voisins ne voisinent point, ne couchent plus ensemble et ne lisent pas de journaux. »

cauchemar. Elle me vit la regarder, parut honteuse et se cacha encore toute la figure dans ses mains. Alors ses sanglots devinrent convulsifs, et sa tête lentement se pencha vers le marbre. Elle y posa son front, et son voile se répandant autour d'elle couvrit les angles blancs de la sépulture aimée, comme un deuil nouveau. Je l'entendis gémir, puis elle s'affaissa [1], sa joue sur la dalle [2], et demeura immobile, sans connaissance.

Je me précipitai vers elle, je lui frappai dans les mains, je soufflai sur ses paupières, tout en lisant l'épitaphe très simple : « Ici repose Louis-Théodore Carrel, capitaine d'infanterie de marine, tué par l'ennemi, au Tonkin [3]. Priez pour lui. »

Cette mort remontait à quelques mois. Je fus attendri jusqu'aux larmes, et je redoublai mes soins. Ils réussirent ; elle revint à elle. J'avais l'air très ému — je ne suis pas trop mal, je n'ai pas quarante ans. Je compris à son premier regard qu'elle serait polie et reconnaissante. Elle le fut, avec d'autres larmes, et son histoire contée, sortie par fragments de sa poitrine haletante, la mort de l'officier tombé au Tonkin, au bout d'un an de mariage, après l'avoir épousée par amour, car, orpheline de père et de mère, elle avait tout juste la dot réglementaire.

Je la consolai, je la réconfortai, je la soulevai, je la relevai.

1. *S'affaisser* : se baisser tout à coup, tomber en pliant sur les jambes.
2. *Dalle* (f.) : plaque de pierre dure, de marbre ; pierre tombale.
3. *Le Tonkin* : partie du Viêt-nam du Nord colonisée par la France entre 1882 et 1885. L'avance française au Tonkin provoqua un conflit avec la Chine qui se termina en 1885. Le Tonkin fut intégré en 1887 dans l'Union indochinoise, puis déclaré, en 1945, État du Viêt-nam.

Puis je lui dis :

« Ne restez pas ici. Venez. »

Elle murmura :

« Je suis incapable de marcher.

— Je vais vous soutenir.

— Merci, monsieur, vous êtes bon. Vous veniez également ici pleurer un mort ?

— Oui, madame.

— Une morte ?

— Oui, madame.

— Votre femme ?

— Une amie.

— On peut aimer une amie autant que sa femme, la passion n'a pas de loi.

— Oui, madame. »

Et nous voilà partis ensemble, elle appuyée sur moi, moi la portant presque par les chemins du cimetière. Quand nous en fûmes sortis, elle murmura défaillante :

« Je crois que je vais me trouver mal.

— Voulez-vous entrer quelque part, prendre quelque chose ?

— Oui, monsieur. »

J'aperçus un restaurant, un de ces restaurants où les amis des morts vont fêter la corvée finie. Nous y entrâmes. Et je lui fis boire une tasse de thé bien chaud qui parut la ranimer. Un vague sourire lui vint aux lèvres. Et elle me parla d'elle. C'était si triste, si triste d'être toute seule dans la vie, toute seule chez soi, nuit et jour, de n'avoir plus personne à qui donner de l'affection, de la confiance, de l'intimité.

Cela avait l'air sincère. C'était gentil dans sa bouche. Je m'attendrissais. Elle était fort jeune, vingt ans peut-être. Je lui fis des compliments qu'elle accepta fort bien. Puis, comme l'heure passait, je lui proposai de la reconduire chez elle avec une voiture. Elle accepta ; et, dans le fiacre, nous restâmes tellement l'un contre l'autre, épaule contre épaule, que nos chaleurs se mêlaient à travers les vêtements, ce qui est bien la chose la plus troublante du monde.

Quand la voiture fut arrêtée à sa maison, elle murmura : « Je me sens incapable de monter seule mon escalier, car je demeure au quatrième. Vous avez été si bon, voulez-vous encore me donner le bras jusqu'à mon logis ? »

Je m'empressai d'accepter. Elle monta lentement, en soufflant beaucoup. Puis, devant sa porte, elle ajouta :

« Entrez donc quelques instants pour que je puisse vous remercier. »

Et j'entrai, parbleu.

C'était modeste, même un peu pauvre, mais simple et bien arrangé, chez elle.

Nous nous assîmes côte à côte sur un petit canapé, et elle me parla de nouveau de sa solitude.

Elle sonna sa bonne, afin de m'offrir quelque chose à boire. La bonne ne vint pas. J'en fus ravi en supposant que cette bonne-là ne devait être que du matin : ce qu'on appelle une femme de ménage [1].

Elle avait ôté son chapeau. Elle était vraiment gentille avec ses yeux clairs fixés sur moi, si bien fixés, si clairs que j'eus une tentation terrible et j'y cédai. Je la saisis dans mes bras, et sur ses paupières qui se fermèrent soudain, je mis des baisers... des baisers... des baisers... tant et plus.

Elle se débattait en me repoussant et répétant :

« Finissez... finissez... finissez donc. »

Quel sens donnait-elle à ce mot ? En des cas pareils, « finir » peut en avoir au moins deux. Pour la faire taire

---

1. *Femme* (f.) *de ménage* (expr. figée) : domestique, généralement payée à l'heure.

je passai des yeux à la bouche, et je donnai au mot « finir » la conclusion que je préférais. Elle ne résista pas trop, et quand nous nous regardâmes de nouveau, après cet outrage à la mémoire du capitaine tué au Tonkin, elle avait un air alangui, attendri, résigné, qui dissipa mes inquiétudes.

Alors je fus galant, empressé et reconnaissant. Et après une nouvelle causerie d'une heure environ, je lui demandai :

« Où dînez-vous ?

— Dans un petit restaurant des environs.

— Toute seule ?

— Mais oui.

— Voulez-vous dîner avec moi ?

— Où ça ?

— Dans un bon restaurant du boulevard. »

Elle résista un peu. J'insistai : elle céda, en se donnant à elle-même cet argument : « Je m'ennuie tant... tant, » puis elle ajouta : « Il faut que je passe [1] une robe un peu moins sombre. »

Et elle entra dans sa chambre à coucher.

Quand elle en sortit, elle était en demi-deuil, charmante, fine et mince, dans une toilette grise et fort simple. Elle avait évidemment tenue [2] de cimetière et tenue de ville.

Le dîner fut très cordial. Elle but du champagne, s'alluma, s'anima et je rentrai chez elle, avec elle.

Cette liaison nouée sur les tombes dura trois semaines environ. Mais on se fatigue de tout, et principalement des femmes. Je la quittai sous prétexte d'un voyage indispensable. J'eus un départ très

---

1. *Passer un vêtement* : le mettre rapidement.

2. *Tenue* (f.) : ici, ensemble de vêtements et accessoires que l'on porte pour une situation, des circonstances données.

généreux, dont elle me remercia beaucoup. Et elle me fit promettre, elle me fit jurer de revenir après mon retour, car elle semblait vraiment un peu attachée à moi.

Je courus à d'autres tendresses, et un mois environ se passa sans que la pensée de revoir cette petite amoureuse funéraire fût assez forte pour que j'y cédasse. Cependant je ne l'oubliais point... Son souvenir me hantait comme un mystère, comme un problème de psychologie, comme une de ces questions inexplicables dont la solution nous harcèle.

Je ne sais pourquoi, un jour, je m'imaginai que je la retrouverais au cimetière Montmartre, et j'y allai.

Je m'y promenai longtemps sans rencontrer d'autres personnes que les visiteurs ordinaires de ce lieu, ceux qui n'ont pas encore rompu toutes relations avec leurs morts. La tombe du capitaine tué au Tonkin n'avait pas de pleureuse sur son marbre, ni de fleurs, ni de couronnes.

Mais comme je m'égarai dans un autre quartier de cette grande ville de trépassés, j'aperçus tout à coup, au bout d'une étroite avenue de croix, venant vers moi, un couple en grand deuil, l'homme et la femme. Ô stupeur ! quand ils s'approchèrent, je la reconnus. C'était elle !

Elle me vit, rougit; et, comme je la frôlais [1] en la croisant, elle me fit un tout petit signe, un tout petit coup d'œil qui signifiaient : « Ne me reconnaissez pas », mais qui semblaient dire aussi : « Revenez me voir, mon chéri. »

L'homme était bien, distingué, chic, officier de la Légion d'honneur, âgé d'environ cinquante ans.

Et il la soutenait, comme je l'avais soutenue moi-

---

1. *Frôler* : toucher légèrement en passant, effleurer.

même en quittant le cimetière.

Je m'en allai stupéfait, me demandant ce que je venais de voir, à quelle race d'êtres appartenait cette sépulcrale chasseresse. Était-ce une simple fille, une prostituée inspirée qui allait cueillir sur les tombes les hommes tristes, hantés par une femme, épouse ou maîtresse, et troublés encore du souvenir des caresses disparues ? Était-elle unique ? Sont-elles plusieurs ? Est-ce une profession ? Fait-on le cimetière comme on fait le trottoir [1] ? Les Tombales ! Ou bien avait-elle eu seule cette idée admirable, d'une philosophie profonde, d'exploiter les regrets d'amour qu'on ranime en ces lieux funèbres ?

Et j'aurais bien voulu savoir de qui elle était veuve, ce jour-là ?

Gil Blas, 9 janvier 1891

« Est-ce une profession ? Fait-on le cimetière comme on fait le trottoir ? »

---

1. *Faire le trottoir* (fam., expr. figée) : exercer l'activité de prostituée.

Analyse

L'agencement du texte

1. Le cadre : rappelez les circonstances et l'atmosphère dans lesquelles naît ce récit conté. Que savons-nous de l'identité du premier narrateur ? Quels sont les liens qui unissent l'auditoire et de Bardon, le conteur principal ?

2. Le récit demandé : « Toutes les bouches demandèrent presque ensemble : " Racontez " (p. 181). Parmi les nouvelles de Maupassant lues précédemment, quelles sont celles qui s'ouvrent également sur une " demande de récit " ?

3. En combien de séquences principales peut se découper, selon vous, ce conte ? Donnez un titre à chacune d'elles.

4. « Et j'aurais bien voulu savoir de qui elle était veuve, ce jour-là ? » (p. 193) : quels sont les éléments qui confèrent à cette phrase le ton de la langue parlée ? En quoi consiste l'efficacité de cette réplique finale ?

5. Le titre : *Les Tombales*, substantif féminin pluriel. Qu'a de particulier ce choix de l'auteur ?

A n a l y s e

Point de vue et narration

1. Le conteur : montrez comment le ton général de son récit tend à illustrer et à confirmer le portrait qui en est tracé dans le cadre.

2. Le lieu : quelle est la perspective choisie par le conteur pour décrire le cimetière de Montmartre ? Sur quels détails s'arrête son attention ?

3. La Tombale : scènes et portraits. Indiquez les phases principales de l'intrigue où elle nous apparaît. Mettez en lumière les détails relatifs à la théâtralité de son comportement.

4. Le disparu : « Ici repose Louis-Théodore Carrel, capitaine d'infanterie de marine, tué par l'ennemi, au Tonkin. Priez pour lui. » (p. 188). Comment la lecture de cette épitaphe s'intègre-t-elle au récit ? Quels éléments de ce texte sont caractéristiques de la « prose tombale » (p. 184).

5. L'officier de la Légion d'honneur (p. 192) : quel est le rôle de ce figurant ? Analysez le très bref portrait que de Bardon en esquisse et soulignez sa fonction dans la chute du récit.

Analyse

Entre la mort et la vie

1. « Et puis, j'aime aussi les cimetières, parce que ce sont des villes monstrueuses, prodigieusement habitées » (p. 182). Commentez cette affirmation paradoxale du conteur, qui traduit sans doute une vision des choses de Maupassant lui-même.

2. Les Monuments, l'Histoire et l'Art : quelle place ces dimensions solennelles occupent-elles dans la description du cimetière Montmartre tel que le conteur le perçoit pour son auditoire ? Mettez en lumière le contraste qui se crée ici entre l'immortalité et l'éphémère de l'aventure dans la vie quotidienne.

3. Le fiacre (pp. 189-190) : quelle est la fonction de ce véhicule, dans le passage du temps du cimetière à celui de l'aventure ?

A n a l y s e

Sur quelques choix linguistiques

1. Qu'ont en commun les phrases suivantes :
   « tout ce qui passe, et tout ce qui se passe. » (p. 181)
   « Elle avait évidemment tenue de cimetière et tenue de ville. » (p. 191)
   « Fait-on le cimetière comme on fait le trottoir ? » (p. 193).
   Que révèlent, sur le caractère du conteur, ces choix stylistiques ?

2. *L'if, le cyprès, le saule* (pp. 184-185) : qu'évoque (lieu, atmosphère ou attitude) chacun de ces arbres ?

3. « Elle était *en demi-deuil*, charmante » ... , p. 191. Expliquez cette expression. Observez l'invariabilité de *demi* dans des mots composés, tels que : une *demi-douzaine*, des *demi-heures*, trois *demi-journées*, une *demi-lune*.

   Donnez quelques exemples d'emploi de ces mots, ou d'autres de structure semblable.

A n a l y s e

Étude d'extraits

1. Commentez cette définition de la conversation des cinq amis : « c'était, entre eux, comme dans la plupart des salons d'ailleurs, une espèce de recommencement parlé de la lecture des journaux du matin » (p. 180).

2. *rire, ceux, épanché, rues, de, prose, blagueurs, marbre, ça, petits, disparu, rate, vœux, point, la*

    Placez ces mots dans l'ordre voulu, pour compléter le passage suivant :

    « Je m'en allais à .... pas dans ces .... de tombes, où les voisins ne voisinent .... , ne couchent plus ensemble et ne lisent pas .... journaux. Et je me mis, moi, à lire les épitaphes. .... , par exemple, c'est la chose .... plus amusante du monde. Jamais Labiche, jamais Meilhac ne m'ont fait .... comme le comique de la .... tombale. Ah! quels livres supérieurs à .... de Paul de Kock pour ouvrir la .... que ces plaques de .... et ces croix où les parents des morts ont .... leurs regrets, leurs .... pour le bonheur du .... dans l'autre monde, et leur espoir de le rejoindre — .... !»

    Vérifiez l'ordre des mots à la p. 184. Que pensez-vous de cette réflexion de Joseph de Bardon ?

3. Du cimetière au restaurant : « Je la consolai, je la réconfortai (...) — Oui, Monsieur.» (p. 189). Analysez ce dialogue en étudiant de près le rythme, les reprises, le ton qui le marquent.

Chroniques

Le cabinet de travail de Guy de Maupassant.

La Politesse

Je ne voudrais point qu'on me crût assez fou pour prétendre ressusciter cette morte : la Politesse. Les miracles ne sont plus de notre temps et, pour toujours, je le crains bien, la politesse est enterrée côte à côte avec notre esprit légendaire. Mais je désire au moins faire l'autopsie de cette vieille urbanité française, si charmante, hélas! et si oubliée déjà ; et pénétrer les causes secrètes, les influences mystérieuses qui ont pu faire du peuple le plus courtois du monde un des plus grossiers qui soient aujourd'hui.

Non pas que j'entende par politesse les formules d'obséquiosité qu'on rencontre encore assez souvent ; non pas que je regrette non plus les interminables révérences et les beaux saluts arrondis dont abusaient peut-être nos grands-parents. Je veux parler de cet art perdu d'être bien né, du confortable savoir-vivre qui rendait faciles, aimables, douces, les relations entre ces gens qu'on appelle du « monde » . C'était un art subtil, exquis, une espèce d'enveloppement de fine délicatesse autour des actes et des paroles. On naissait, je crois, un peu avec cela ; mais cela se perfectionnait aussi par l'éducation et par le commerce des hommes bien appris. Les discussions même étaient courtoises.

La Politesse

Les querelles ne sentaient point l'écurie [1].

Et cependant l'ancien langage usuel était plus cru, plus chaud que le nôtre ; les mots vifs ne choquaient point nos aïeules elles-mêmes, qui aimaient les histoires gaillardes saupoudrées de sel gaulois [2]. Si les gens qui s'indignent aujourd'hui contre la brutalité des romanciers lisaient un peu les auteurs dont se délectaient nos grands-mères, ils auraient, certes, de quoi rougir.

Ce n'était donc pas dans la langue, c'était dans l'air même que flottait cette urbanité ; il y avait autour des mœurs comme une caresse de courtoisie charmante.

Cela n'empêchait rien ; mais, enfin, on était bien né.

Aujourd'hui nous semblons devenus une race de goujats [3].

Depuis quelque temps surtout, il me semble sentir vraiment une recrudescence de grossièreté. Nous y sommes d'ailleurs tellement accoutumés que nous n'y songeons plus guère. Je ne sais ce qu'ont dû penser tous les lecteurs de nos journaux, mais j'ai eu, quant à moi, le cœur soulevé de dégoût par la *période électorale*.

J'étais alors loin de Paris, et souvent des journaux locaux me sont tombés sous les yeux. On ne saurait croire quel vocabulaire poissard [4] et honteux

---

1. *Écurie* (f.) : construction destinée à loger les chevaux. Au sens fig., lieu très sale ; ici, impolitesse (v. note 1, p. 206).

2. *Les histoires gaillardes saupoudrées de sel gaulois* : les histoires d'une gaieté robuste et un peu licencieuses (*saupoudrées de sel* = couvertes d'une légère couche de sel).

3. *Goujat* (m.) : homme mal élevé, grossier, dont les manières sont offensantes.

4. *Poissard* : très bas, vulgaire, populacier.

employaient ces feuilles ; quels tombereaux [1] d'injures ordurières elles charriaient tous les matins pour en souiller leurs adversaires ; quelle absence de style et quelle surabondance de malpropretés on trouvait dans leurs colonnes. Les mots les plus grossiers semblaient avoir perdu leur sens, tant on les employait à tout propos ; et il n'est certes pas un des candidats qui n'ait été traité de menteur, de voleur, d'infâme crapule, de polisson, de saltimbanque, de vendu, de crétin, etc., etc.

Personne, d'ailleurs, ne s'étonnait à la lecture de ces articles, comme s'il eût été tout naturel de salir au préalable les futurs représentants de la nation. Et voilà comment on apprend au peuple à respecter ses élus. Mais là n'est point la question.

Quelques jours plus tard, je traversais une autre contrée et j'y retrouvais la même langue dans les journaux des divers partis. Les hommes politiques opposés, ennemis honorables, étaient traités au moins d'exploiteurs, de menteurs, de calomniateurs et de corrupteurs ; sans compter des grossièretés plus directes encore.

Je me disais : « Ces mœurs sont odieuses ; mais nous sommes loin de Paris : on ne peut demander aux écrivains locaux de frapper par l'idée et non par le mot, de blesser leurs adversaires avec une phrase habile, perfide et polie, et non de le couvrir de fange. L'injure est toujours facile, mais l'ironie cinglante [2] n'est pas donnée à tous ; l'esprit qui tue ne se rencontre plus guère. Par l'insulte on évite la discussion, on se dérobe

---

1. *Tombereau* (m.) : (contenu d'une) charrette dont la caisse peut se décharger en basculant à l'arrière.
2. *Cinglant* : féroce, cruel, très blessant.

à la réplique, et, quand on a affaire à des gens propres, on garde le dernier mot à la façon de Cambronne. » Mais voilà que je viens de parcourir la plupart des journaux parisiens parus à la même époque ! On reste confondu devant le langage d'assommoir employé par un grand nombre des soi-disant écrivains qui les rédigent.

Donc tout homme qui nourrira désormais le désir singulier, mais excusable, de représenter ses concitoyens à la Chambre des députés devra se résigner d'avance à être injurié à gueule-que-veux-tu [1], à être calomnié dans sa vie privée et dans sa vie publique, accusé de toutes les infamies et finalement soupçonné, sans aucun doute, d'avoir commis la plupart de ces gredineries [2], par un grand nombre d'électeurs stupides qui ont foi dans le papier [3] à cinq, dix, ou quinze centimes, que leur apporte le facteur.

Je sais bien ce que répondront les partisans des régimes écroulés : « On savait vivre sous les monarchies ; on ne le sait plus sous la république. Les pays démocratiques sont mal élevés. » L'argument ne vaut guère ; j'en ai pour preuve que les feuilles de l'extrême droite sont tout aussi mal apprises [4] que celles de l'extrême gauche. Les sentines où elles puisent [5] leurs grossièretés sont bien les mêmes.

---

1. *À gueule-que-veux-tu* (loc. adv., fam.) : par une quantité d'insultes criées par l'adversaire.

2. *Gredinerie* (f., vieilli) : manière d'agir d'un malfaiteur, d'un bandit, d'un *gredin* (m., vieilli).

3. *Papier* (m.) : ici, imprimé, journal, feuille.

4. *Mal appris* : (malappris) mal élevé, impoli (v. des hommes *bien appris* p. 202).

5. *Puiser* (fig.) : prendre, tirer, extraire.

Or, si du journal politique on pénètre au Parlement, on remarque bien vite que dans les discussions orageuses, les insolences, les expressions sentant les querelles de palefreniers [1] partent autant de droite que de gauche, sinon plus. On donnait jadis aux grands orateurs le surnom poétique de « Bouche-d'Or ». Quant à nos parleurs politiques, si un surnom peut leur aller, c'est celui de « Bouche-d'Égout [2] ».

Donc, aujourd'hui, on est mal élevé, quoique bien né.

L'habitude des salons, la fréquentation du monde ne donnent plus le savoir-vivre. Les causes de l'impolitesse générale viennent d'autre part que de la démocratisation du pays.

Mais là où il faut saisir les habitudes de vie d'un peuple, sa manière d'être habituelle, c'est dans la presse quotidienne, qui représente exactement la physionomie intime du pays. Or, la presse offre maintenant des exemples journaliers de la plus mauvaise éducation.

C'est à elle, au contraire, qu'il devrait appartenir de donner l'exemple des formes les plus irréprochables, et cela par l'excellente raison que les journalistes ont pour métier de bien écrire !

On est écrivain de profession : cela veut dire qu'on ne doit ignorer aucun des secrets de cette dangereuse escrime de la polémique ; qu'on a entre les mains cette pierre qui peut frapper au front et abattre les plus grands : le mot, le mot qu'on jette avec la phrase, comme on lance un caillou avec la fronde ; qu'on sait

---

1. *Palefrenier* (m.) : homme qui soigne les chevaux. Ici, péjor. : malappris, rustre.

2. *Égout* (m) : canalisation souterraine pour l'évacuation des eaux sales.

toutes les ruses des attaques, les perfidies cachées sous les compliments, les allusions trompeuses comme les feintes ; qu'on jongle avec les difficultés de la langue comme un escamoteur [1] avec des billes ; qu'on cingle enfin avec ce fouet terrible dont Beaumarchais [2] laissait à ses ennemis d'ineffaçables traces.

Mais dès qu'un monsieur d'un avis contraire au vôtre déclare son sentiment, on s'empresse de s'asseoir à sa table et d'écrire avec sérénité : « Un drôle, un polisson dont les antécédents nous sont inconnus et par conséquent suspects, mais que nous tenons, dans tous les cas, pour un misérable gredin, fils de banqueroutier sans doute et de drôlesse [3], etc. » Le monsieur ainsi traité envoie ses témoins à son contradicteur. On se bat pour *laver l'honneur*. L'un d'eux est blessé. L'incident est clos.

Pendant les deux siècles derniers, la Société, plus restreinte, triée [4], était fort instruite, pédante même. Hommes et femmes savaient leur antiquité, et l'histoire universelle, et mille autres choses. On possédait le grec et le latin tout autant que le français ; on causait par citations, on folâtrait [5] avec des réminiscences de poètes antiques.

---

1. *Escamoteur* (m.) : illusionniste, prestidigitateur, jongleur.

2. *Beaumarchais* : auteur dramatique français (1732-1799) qui attaqua dans son œuvre les hiérarchies et les privilèges de classe. Ses pièces les plus célèbres sont *Le Barbier de Séville* (1775) et *Le Mariage de Figaro* (1784), chefs-d'œuvre consacrés respectivement par les opéras de Rossini (1816) et de Mozart (1786).

3. *Drôle* (m.), *drôlesse* (f.), subst. vieillis : personnes peu respectables, qui suscitent de la défiance, du mépris.

4. *Trié* : sélectionné, choisi, classé.

5. *Folâtrer* (vieilli) : s'amuser, se divertir, jouer allègrement.

Toutes les phrases étaient saupoudrées d'érudition ; et ce savoir, cette littérature de la classe, qui seule comptait, jetait sur les mœurs un vernis d'urbanité. Le reste de l'humanité n'existait pas.

Aujourd'hui, tout le monde compte. Tout le monde parle, discute, affirme ce qu'il ignore, prouve ce dont il ne doute point. On veut être tout, tout connaître, tout trancher. Nous ressemblons à des dos de volumes, avec des titres prétentieux, et dont l'intérieur n'est que de papier blanc. On sait tout sans rien apprendre, et cette façon de savoir rend naturellement grossier.

Cette manière d'être est tellement passée dans les mœurs, que nous nommons, pour nous gouverner, des hommes dont nous n'exigeons aucune garantie de connaissances spéciales, qui peuvent à leur aise ignorer notre histoire (ce qui serait fâcheux [1]) autant que l'économie politique (ce qui serait regrettable).

Jetons un coup d'œil dans la presse. Est-ce que les écrivains de grand renom, les maîtres, ont parfois l'injure à la plume ? Les polémistes politiques comme M. Weiss, M. John Lemoinne ou autres, ont-ils pour habitude de traiter leurs adversaires de polissons ou de voleurs ?

M. Renan, un des plus grossièrement insultés des écrivains modernes ; M. Littré, si souvent maltraité, ont-ils jamais répondu à leurs antagonistes par des gros mots [2] ?

Je ne pense pas non plus que MM. Darwin, Herbert

---

1. *Fâcheux* : inopportun, désagréable, regrettable.

2. *Gros mot* (m.) : mot grossier, expression contraire aux bonnes manières langagières.

La Politesse

Spencer, Stuart Mill [1], et cent autres, mille autres de moindre valeur, se servent, dans leurs arguments, de l'ordure jetée à la face de leurs contradicteurs.

D'où je conclus que l'absence d'éducation vient principalement de l'absence d'instruction. On ne sait rien dans notre monde, ou presque rien. Les gens instruits sont bien élevés. C'est donc au livre, aux livres, à tous les livres, qu'il faudrait demander une nuance de cette ancienne courtoisie qui nous manque vraiment un peu trop.

Le Gaulois, 11 octobre 1881

1. Après avoir cité, comme exemples de bon comportement verbal, des polémistes contemporains (Weiss et Lemoinne) bien connus de ses lecteurs, le chroniqueur nomme, dans le même but, d'autres hommes célèbres de son époque : d'abord deux penseurs et philologues français (Ernest Renan, 1823-1892 et Émile Littré, 1801-1881); puis des autorités anglaises, incontestables dans différents domaines : le naturaliste Charles Darwin (1809-1882), le philosophe Herbert Spencer (1820-1903), l'économiste Stuart Mill (1806-1873). Ainsi Maupassant élargit-il son horizon, en passant du journalistique aux sciences humaines, et d'un point de vue national à une vision internationale.

Le Duel

[...] Au temps où les hommes bardés de fer, hérissés d'armes, ne connaissaient d'autre loi que celle de la force, ce combat singulier était logique et nécessaire. Plus tard, il devint une élégance. L'épée alors faisait partie du costume ; et du moment qu'on la portait sans cesse à son côté, il était bien naturel de la tirer quelquefois. Or, cet usage même de porter ouvertement des armes dans la rue est assez caractéristique ; l'élégance du duel alors ne l'est pas moins. La vieille coutume sauvage de la lutte corps à corps ne pouvant être déracinée encore, et devenant inutile, se faisait précieuse pour n'être point odieuse. À mesure que le duel apparaissait aux hommes intelligents et sérieux comme une chose stupide et méprisable, les hommes galants et écervelés en faisaient de plus en plus une chose coquette et mondaine. C'était alors l'époque des adorables folies, de la raison bafouée [1], le dernier quart d'heure des gentilshommes.

1. *Bafoué* : ridiculisé, outragé.

Le Duel

Aujourd'hui, la loi seule porte une épée. Les chevaliers de noble race sont remplacés par ceux d'industrie ; l'élégance est trépassée ; la galanterie n'existe plus. Il y a des sergents de ville dans les rues ; le port des armes est prohibé ; les tribunaux accueillent toutes les plaintes. Et voilà qu'on se bat plus que jamais. Pourquoi ?

Pourquoi ? Pour le point d'honneur, monsieur. Jadis on connaissait l'honneur. Aujourd'hui, il est enterré sous la Bourse ; on ne connaît plus que l'argent. La fréquence des duels tient beaucoup à cela.

Le duel est la sauvegarde des suspects. Les douteux, les véreux [1], les compromis essayent par là de se refaire une virginité d'occasion. Aussi n'est-on plus difficile aujourd'hui sur les antécédents d'un adversaire.

L'honneur ! oh ! pauvre vieux mot d'autrefois, quel pitre [2] on a fait de toi !

Comme on te blanchit, comme on te lave, comme on te répare, comme on te retape [3], comme on te déclare satisfait après les rencontres à main armée de Robert Macaire et de Bertrand [4] !

Eh bien! malgré toutes ces réparations d'honneur, tous ces honneurs lavés, sauvés et satisfaits au dire des témoins compétents, il ne s'en porte pas mieux, l'Honneur ! Mais ne parlons point des absents.

---

1. *Véreux* (m.) : gâté par les vers (par exemple : un fruit véreux). Sens fig. : personne très malhonnête, corrompue.

2. *Pitre* (m.) : bouffon de foire ou de cirque.

3. *Retaper* : arranger, souvent sommairement, pour donner un aspect neuf.

4. Robert Macaire, bandit fanfaron qui a pour complice Bertrand, est le personnage principal d'un mélodrame de Benjamin Antier, Saint-Amand et Paulyante, *L'Auberge des Adrets* (1823). Cette pièce du théâtre de Boulevard connut un très grand succès dès les premières représentations.

Le peuple anglais est un grand peuple, un vrai peuple, d'aplomb dans la vie, bien debout dans la réalité ; un peuple de gentlemen, de commerçants irréprochables, un peuple sain, fort et honorable. Il est de plus aujourd'hui un peuple de philosophes ; les plus hauts penseurs du siècle sont chez lui ; il est un peuple de progrès et un peuple de travailleurs.

Mais le gentilhomme anglais ne se bat pas. Je veux dire qu'il ne se bat pas en duel et qu'il tient ce genre d'exercice en grand mépris, jugeant la vie humaine respectable, utile au pays. Il est vrai que la vie humaine ne court pas grands risques dans les rencontres dont nous parlent chaque jour les journaux.

L'Anglais comprend autrement le courage. Il n'admet que le courage utile, soit à la patrie, soit à ses concitoyens. Il possède éminemment l'esprit pratique.

Chez nous, il existe une sorte de courant d'esprit fou, querelleur, léger, tourbillonnant, vide et sonore, qui circule de la Madeleine à la Bastille et qu'on pourrait appeler l'Esprit des boulevards [1]. Il se répand de là par toute la France. Il est à la raison et au véritable esprit ce que le phylloxéra est à la vigne.

---

1. *L'Esprit des boulevards* : la mentalité des habitués des *grands boulevards* de Paris qui, comme vient de le rappeler le chroniqueur, vont de la Madeleine à la Bastille. C'est là qu'ont leur siège les principaux théâtres qui consacrent leurs spectacles à la comédie légère (vaudevilles, mélodrames et autres genres plutôt populaires). Quant à l'habitué des boulevards, *le boulevardier* de son époque, Maupassant en esquisse un portrait éloquent dans le paragraphe qui va suivre. Rappelons par ailleurs que, dans les contes lus précédemment, les boulevards contribuent considérablement à la configuration des espaces narratifs spécifiques de *Décoré !* et de *La Nuit*.

Le Duel

Or, le boulevardier fait loi. Un bon mot lui tient lieu de logique, la raillerie [1] chez lui remplace ordinairement la compréhension, selon l'expression de Balzac ; il adore le dieu CHIC, conserve religieusement les préjugés, blague invariablement ce qu'il ignore, et son ignorance n'a d'égale que l'assurance de ses jugements. Le boulevardier respecte le duel, déclare qu'il fait partie de l'héritage national, se pose en champion du point d'honneur. On ne saurait croire comme le point d'honneur est chatouilleux [2] dans certain monde !

Dans ce « certain monde » on n'entend parler que d'assauts, de provocations, de témoins échangés, de rencontres passées ou prochaines. Je me demande quelquefois avec inquiétude combien de «cadavres» ces gens doivent avoir dans leur existence pour qu'on en déterre si fréquemment derrière eux. Car enfin on ne se bat pas pour rien. Si l'on se bat, c'est qu'on a été insulté, et quand on est insulté, c'est, la moitié du temps, parce qu'on l'a mérité. Un homme irréprochable ne va pas souvent sur le pré, comme on dit.

J'excepte, bien entendu, les hommes qui ont un tempérament batailleur. La nature les a faits ainsi. Nous ne pouvons rien contre elle.

Reste à savoir si les gens doués d'un tempérament batailleur sont doués aussi des qualités qui font les hommes supérieurs. Cela est douteux. Ceux qu'on

---

1. *Raillerie* (f.) : action verbale qui consiste à ridiculiser *(railler)* quelqu'un ou quelque chose, par une plaisanterie, une blague, une moquerie. Remarquons le parallélisme avec la phrase précédente, où un mot d'esprit (un bon mot) tend à remplacer la logique.

2. *Chatouilleux* (sens. fig.) : irritable, susceptible.

appelle les fines lames sont quelquefois de fins esprits, rarement ou jamais de grands esprits [1].

La raison en est bien simple. Quand un homme passe son existence dans le travail, il ne peut pas la passer en même temps dans les salles d'armes. Quand un homme porte en son cœur une éternelle préoccupation de science ou d'art, il ne s'inquiète guère des histoires de femme, de Bourse, de vanité, ou de politique personnelle, qui amènent chaque jour le transpercement [2] d'un bras nouveau.

Il est encore un genre de duel devant lequel je m'incline, c'est le duel industriel ; le duel pour la réclame ; le duel entre journalistes.

Quand le tirage d'un journal commence à baisser, un des rédacteurs se dévoue et, dans un article virulent, insulte un confrère quelconque. L'autre réplique. Le public s'arrête comme devant une baraque de bateleurs [3]. Et un duel a lieu, dont on parle dans les salons.

Ce procédé a cela d'excellent qu'il rendra de plus en plus inutile l'emploi de rédacteurs écrivant le français.

---

1. Ce jeu de mots repose sur l'emploi de l'adjectif *fin* dans son double sens de *subtil (pénétrant)* et d'*inconsistant (léger)*. Aux *grands esprits* correspond la notion d'une vision du monde large, ouverte, perspicace et, tout compte fait, bien supérieure à la moyenne.

2. *Transpercement* (m., rare) : le fait de traverser, percer quelque chose de part en part.

3. *Bateleur* (m., vieilli) : personne qui fait des exploits (acrobaties, escamotages, tours de force, etc.) sur les places publiques.

Le Duel

Il suffira d'être fort aux armes. M. Veuillot [1], qui se servait mieux de sa plume que beaucoup d'autres, agissait tout autrement, il est vrai. Que voulez-vous? tout le monde n'a pas assez d'esprit pour laisser au visage de ses adversaires des traces ineffaçables d'ironie, car les blessures d'une épée se cicatrisent plus vite que celles d'une plume. Si on n'a pas l'Esprit qui tue, on se contente du bras. N'importe ! quand deux hommes nourrissent la prétention, peu légitime, il est vrai, d'appartenir à la profession de Voltaire et de Beaumarchais, quand ils ont aux mains l'arme toute-puissante, l'arme féroce qui abat les ministres, détrône les rois, déracine les monarchies, crève les superstitions, il est infiniment drôle de voir ces spadassins de la phrase s'injurier comme des portefaix [2], jeter leur encrier, et dégainer des flamberges [3] à la façon des soudards [4] sans orthographe.

Vraiment l'insulte entre journalistes est un moyen trop facile de se passer de talent !

Qu'on n'aille point conclure de là que je méprise l'escrime, art subtil et charmant, auquel je ne reconnais qu'un tort, celui de manger bien des heures tous les jours, des heures perdues pour l'esprit.

L'escrime a encore un autre point faible : celui

---

1. Louis Veuillot (1813-1883), journaliste et écrivain catholique français; directeur de *L'Univers*, il s'opposa à la politique italienne de Napoléon III et fut un grand défenseur de l'infaillibilité pontificale.

2. *Portefaix* (m., vieilli) : homme qui exerce le métier de porter des fardeaux.

3. *Flamberge* (f., litt.) : longue épée de duel.

4. *Soudard* (m., litt.) : mercenaire, soldat brutal et grossier.

d'établir une disproportion de chances entre le bretteur [1] désœuvré qui cherche querelle à tout propos, et l'honnête homme à qui le temps manque pour s'exercer aux armes, et qui se trouve à sa première affaire insulté et embroché [2] sans savoir pourquoi ni comment.

Si l'escrime n'était qu'un exercice comme l'équitation, le trapèze ou la natation, il serait sans rival, car il demande de la force, de la grâce, une patiente étude, une infinie souplesse et autant de rapidité dans la pensée que dans la main.

Quant à moi, malgré le séduisant plaidoyer [3] de mon confrère le baron de Vaux en faveur de l'art qu'il adore, et malgré l'intérêt de cette galerie écrite : *Les Hommes d'Épée* [4], dont on a déjà parlé ici, je tiens pour des exercices plus pratiques : la savate [5] et la natation. Et comme il reste toujours en nous du sauvage, du vieil esprit féroce de nos pères, un besoin de lutte, de force déployée et d'ivresse du corps aux heures de danger,

---

1. *Bretteur* (m., vieilli) : homme qui aime se battre à l'épée.

2. *Embroché* (fig. et fam.) : transpercé d'un coup d'épée.

3. *Plaidoyer* (m., jur.) : discours prononcé par un avocat, à l'audience, pour défendre une partie; ici, au sens fig.

4. Peu de temps après la parution de cette chronique, Maupassant préfacera (en 1883) un autre ouvrage de son ami le baron Ludovic de Vaux, *Les Tireurs au pistolet*. Le thème du duel reviendra à plusieurs reprises dans l'œuvre du narrateur, notamment dans ses contes *Un Duel* (*Le Gaulois*, 14. 8. 1883), *Un Lâche* (*Le Gaulois*, 27. 1. 1884) et dans son roman *Bel-Ami* (1885, chapitre VII de la première partie). Plus ou moins directement, parmi les contes proposés dans le présent recueil, le duel figure dans *Le Testament* et dans *Nos lettres* (cf. *infra*, pp. 74 et 172).

5. *Savate* (f.) : ici, sorte de lutte où l'on porte des coups de pied à l'adversaire (boxe française) ; au sens pr. : vieille chaussure ou pantoufle.

je ne connais point de joie plus véhémente que de se battre avec la vague qui roule, hurle, vous étreint, vous rejette et vous reprend. Et je ne sais point de triomphe plus délicieux qu'après avoir bravé cette bête furieuse à la crinière d'écume, la mer.

Et si vous avez du courage à revendre, il y a par les rues assez de chevaux emportés, de chiens enragés, de malfaiteurs embusqués, d'incendies où meurent des femmes et des enfants ; assez de gens tombent dans la Seine, pour vous donner des occasions fréquentes d'exercer votre bravoure.

Un duel au sauvetage en vaudrait bien un autre ; mais on s'y risquerait un peu plus.

Gil Blas, 8 décembre 1881

aspirant = inhale
retrouver : to find
peiné = sadness sorrow
etonner = amaze
croyant = belief
invraisemblables = improbable
incroyable = incredible
acharner = set upon
croire = to think to believe
efarer to alarm
impuissant = {helpless {impotent

Le Fantastique

Lentement, depuis vingt ans, le surnaturel est sorti de nos âmes. Il s'est évaporé comme s'évapore un parfum quand la bouteille est débouchée [1]. En portant l'orifice aux narines et en aspirant longtemps, longtemps, on retrouve à peine une vague senteur. C'est fini.

Nos petits-enfants s'étonneront des croyances naïves de leurs pères à des choses si ridicules et si invraisemblables. Ils ne sauront jamais ce qu'était autrefois, la nuit, la peur du mystérieux, la peur du surnaturel. C'est à peine si quelques centaines d'hommes s'acharnent encore à croire aux visites des esprits, aux influences de certains êtres ou de certaines choses, au somnambulisme lucide, à tout le charlatanisme des spirites [2]. C'est fini.

Notre pauvre esprit inquiet, impuissant, borné [3], effaré par tout effet dont il ne saisissait pas la cause, épouvanté *terrified* par le spectacle incessant et

---

1. *Débouché* : ouvert, sans bouchon.

2. *Spirite* (m.) : personne qui s'occupe de spiritisme, qui prétend avoir le pouvoir d'évoquer les esprits.

3. *Borné* : limité, étroit, confiné.

Le Fantastique

incompréhensible du monde a tremblé pendant des siècles sous des croyances étranges et enfantines qui lui servaient à expliquer l'inconnu. Aujourd'hui, il devine qu'il s'est trompé, et il cherche à comprendre, sans savoir encore. Le premier pas, le grand pas est fait. Nous avons rejeté le mystérieux qui n'est plus pour nous que l'inexploré.

Dans vingt ans, la peur de l'irréel n'existera plus même dans le peuple des champs. Il semble que la Création ait pris un autre aspect, une autre figure, une autre signification qu'autrefois. De là va certainement résulter la fin de la littérature fantastique.

Elle a eu, cette littérature, des périodes et des allures bien diverses, depuis le roman de chevalerie, les *Mille et une Nuits*, les poèmes héroïques, jusqu'aux contes de fées et aux troublantes histoires d'Hoffmann et d'Edgar Poe [1].

Quand l'homme croyait sans hésitation, les écrivains fantastiques ne prenaient point de précautions pour dérouler leurs surprenantes histoires. Ils entraient, du premier coup, dans l'impossible et y demeuraient, variant à l'infini les combinaisons invraisemblables, les apparitions, toutes les ruses effrayantes pour enfanter l'épouvante.

Mais, quand le doute eut pénétré enfin dans les esprits, l'art est devenu plus subtil. L'écrivain a cherché les nuances, a rôdé autour du surnaturel plutôt que d'y pénétrer. Il a trouvé des effets terribles en demeurant

---

1. Par cette référence à deux grands maîtres du fantastique, le romancier et compositeur allemand Hoffmann (1776-1822) et l'écrivain américain Edgar Allan Poe (1809-1849), Maupassant s'inscrit dans leur lignée, en leur rendant hommage, tout en s'éloignant des chemins qu'ils parcoururent, comme il l'a fait, du reste, à travers l'évolution de sa pratique narrative.

Sur l'eau

sur la limite du possible, en jetant les âmes dans l'hésitation, dans l'effarement. Le lecteur indécis ne savait plus, perdait pied comme en une eau dont le fond manque à tout instant, se raccrochait brusquement au réel pour s'enfoncer encore tout aussitôt, et se débattre de nouveau dans une confusion pénible et enfiévrante comme un cauchemar.

L'extraordinaire puissance terrifiante d'Hoffmann et d'Edgar Poe vient de cette habileté savante, de cette façon particulière de coudoyer [1] le fantastique et de troubler, avec des faits naturels où reste pourtant quelque chose d'inexpliqué et de presque impossible.

Le grand écrivain russe, qui vient de mourir, Ivan Tourgueneff [2], était à ses heures, un conteur fantastique de premier ordre.

On trouve, de place en place, en ses livres, quelques-uns de ces récits mystérieux et saisissants qui font passer des frissons dans les veines. Dans son œuvre pourtant, le surnaturel demeure toujours si vague, si enveloppé qu'on ose à peine dire qu'il ait voulu l'y mettre. Il raconte plutôt ce qu'il a éprouvé, comme il l'a éprouvé, en laissant deviner le trouble de son âme, son angoisse devant ce qu'elle ne comprenait pas, et cette poignante [3] sensation de la peur inexplicable qui passe, comme un souffle inconnu parti d'un autre monde.

Dans son livre : *Étranges Histoires*, il décrit d'une

---

1. *Coudoyer* (fig.) : être en contact avec, fréquenter, côtoyer.

2. *Ivan Tourgueniev* : romancier, nouvelliste et dramaturge russe (1818-1883), auteur, entre autres, de *Récits d'un chasseur* et de *Pères et fils*. Il fut longtemps lié à Flaubert et à Maupassant.

3. *Poignant* : qui serre, qui déchire le cœur.

façon si singulière, sans mots à effet, sans expressions
à surprise, une visite faite par lui, dans une petite ville,
à une sorte de somnambule idiot, qu'on halète en le
lisant.

Il raconte dans la nouvelle intitulée *Toc Toc Toc,* la
mort d'un imbécile, orgueilleux et illuminé, avec une si
prodigieuse puissance troublante qu'on se sent malade,
nerveux et apeuré en tournant les pages.

Dans un de ses chefs-d'œuvre : *Trois Rencontres,*
cette subtile et insaisissable émotion de l'inconnu
inexpliqué, mais possible, arrive au plus haut point de
la beauté et de la grandeur littéraire. Le sujet n'est rien.
Un homme trois fois, sous des cieux différents, en des
régions éloignées l'une de l'autre, en des circonstances
très diverses, a entendu, par hasard, une voix de
femme qui chantait. Cette voix l'a envahi comme un
ensorcellement [1]. À qui est-elle, il ne le sait pas. Rien
de plus. Mais tout le mystérieux adorable du rêve, tout
l'au-delà de la vie, tout l'art mystique enchanteur qui
emporte l'esprit dans le ciel de la poésie, passent dans
ces pages profondes et claires, si simples, si complexes.

Quel que fût cependant son pouvoir d'écrivain, c'est
en racontant, de sa voix un peu épaisse et hésitante,
qu'il donnait à l'âme la plus forte émotion.

Il était assis, enfoncé dans un fauteuil, la tête pesant
sur les épaules, les mains mortes sur les bras du siège,
et les genoux pliés à angle droit. Ses cheveux, d'un
blanc éclatant, lui tombaient de la tête sur le cou, se
mêlant à la barbe blanche qui lui tombait sur la
poitrine. Ses énormes sourcils blancs faisaient un
bourrelet [2] sur ses yeux naïfs, grands ouverts et

---

1. *Ensorcellement* (m.) : sortilège, enchantement, fascination.
2. *Bourrelet* (m.) : petit coussin, légère protubérance.

charmants. Son nez, très fort, donnait à la figure un caractère un peu gros, que n'atténuait qu'à peine la finesse du sourire et de la bouche. Il vous regardait fixement et parlait avec lenteur, en cherchant un peu le mot ; mais il le trouvait toujours juste, ou, plutôt, unique. Tout ce qu'il disait faisait image d'une façon saisissante, prenait l'esprit comme un oiseau de proie prend avec ses serres. Et il mettait dans ses récits un grand horizon, ce que les peintres appellent « de l'air », une largeur de pensée infinie en même temps qu'une précision minutieuse [...].

Le Gaulois, 7 octobre 1883

Analyse

À travers les textes

1. Les nouvelles de Maupassant sont souvent des récits à la première personne. Quelles sont, à vos yeux, les principales caractéristiques de cette modalité de narration ?

2. Parmi les récits analysés, quels sont ceux qui contiennent des lettres ? Comparez leur fonction dans les différents contextes donnés. Qu'apporte au conte la forme épistolaire ?

3. « Il revient à Maupassant d'avoir cherché à épuiser toutes les ressources d'utilisation d'un cadre, véritable clé de voûte de ses nouvelles narrées à la première personne ». Commentez cette affirmation de René Godenne (*La nouvelle française* cit., p. 60).

4. Dans plusieurs de ces nouvelles, le paysage est au premier plan. Quels sont, pour chacune d'elles, les lieux choisis par l'auteur ? Sont-ils familiers ou insolites ? Comment la description de ces lieux s'intègre-t-elle à l'évolution du récit ?

5. Quelques-uns de ces contes peuvent être perçus comme une invitation à la promenade dans Paris. Quels quartiers, quels coins de la capitale l'imaginaire des lecteurs est-il appelé à parcourir ainsi ?

6. L'eau est un élément qui revient souvent chez Maupassant narrateur. Évoquez les différentes situations où elle apparaît dans ce recueil. Analysez la fonction de sa présence dans le développement d'un ou de quelques-uns de ces contes.

7. Souvent Maupassant nouvelliste n'attribue aucun nom propre à ses personnages, d'autres fois il les dénomme plus ou moins précisément (par exemple : Anne-Catherine-Geneviève-Mathilde de Croixluce dans *Le Testament*, sœur Eulalie dans *La Veillée*, M. Piquedent dans La *Question du latin*). Choisissez quelques récits du recueil pour les comparer dans cette optique; quels effets peuvent avoir sur le lecteur ces différents procédés de présentation des personnages ?

8. Certains critiques tendent à accuser Maupassant de misogynie. À la lumière des contes analysés, quelle est votre opinion à ce sujet ?

9. Quelle place occupe le dialogue chez Maupassant nouvelliste ? Quels sont, selon vous, ses caractéristiques et ses fonctions principales ? Donnez quelques exemples précis tirés des textes lus.

10. Dans le récit bref, la chute est révélatrice de l'art du conteur. Pour ce qui est de la conclusion des nouvelles examinées, laquelle préférez-vous et pour quelles raisons ?

11. Parfois les objets (moyen de transport, lettre, carte de visite, décoration, montre, vêtement, meuble, etc.) ont une fonction importante dans la structuration des contes de Maupassant. Donnez quelques exemples et choisissez une des nouvelles du recueil pour l'analyser dans cette optique.

A n a l y s e

12. L'ensemble des douze contes proposés constitue un petit univers très peuplé : de conteurs, de personnages principaux ou secondaires, de simples comparses... Parmi ces individus, lequel préférez-vous ? Quels en sont les traits (physiques, moraux, existentiels) qui vous ont frappé le plus ? De ce point de vue, appréciez la brièveté dans l'art de l'esquisse chez Maupassant portraitiste.

13. « Que Maupassant envisage la nouvelle courte comme une anecdote ou comme un " instant ", il organise toujours les faits de la même manière rigoureuse » (René Godenne, *La nouvelle française* cit., p. 91). Peut-on classer les douze contes analysés en « nouvelles-anecdotes » et « nouvelles-instants » ? Établissez et précisez des critères pour justifier cette possibilité ou cette impossibilité de classement.

14. Dans sa chronique *La Politesse* Maupassant conçoit cette notion d'une façon très personnelle et, tous comptes faits, très actuelle; essayez de dégager les aspects qui en font l'originalité. En quoi cette conception de la politesse se distingue-t-elle d'autres visions plus courantes de la même notion (bonnes manières, courtoisie, savoir-vivre, etc.) ? Par ailleurs, quels liens peut-on établir entre cette vision des choses de Maupassant et la thèse qu'il défend dans sa chronique *Le Duel* ? En particulier, quelle importance attache-t-il, dans les deux cas, à l'instruction et, notamment, à la lecture ?

Analyse

15. L'intérêt de Maupassant pour le côté fantastique de l'œuvre de Tourgueniev peut s'expliquer à partir de sa propre recherche dans ce domaine. À la lumière des récits fantastiques proposés dans ce recueil, essayez d'appliquer à Maupassant lui-même ce jugement qu'il donne sur Tourgueniev conteur : « On trouve, de place en place, en ses livres, quelques-uns de ces récits mystérieux et saisissants qui font passer des frissons dans les veines. Dans son œuvre pourtant, le surnaturel demeure toujours si vague, si enveloppé qu'on ose à peine dire qu'il ait voulu l'y mettre. Il raconte plutôt ce qu'il a éprouvé, comme il l'a éprouvé, en laissant deviner le trouble de son âme, son angoisse devant ce qu'elle ne comprenait pas, et cette poignante sensation de la peur inexplicable qui passe, comme un souffle inconnu parti d'un autre monde ».

INDEX LEXICAL

Nous avons classé ici les mots présentés en note. Les chiffres renvoient aux pages.

SÉLECTION BIBLIOGRAPHIQUE

Sur la nouvelle

CASTEX (P.-G.), *Le Conte fantastique en France de Nodier à Maupassant*, Paris, José Corti, 1951.

L'Analyse structurale du récit, « Communications », 8, 1966.

GODENNE (R.), *La Nouvelle française*, Paris, P.U.F., 1974.

GODENNE (R.), *Études sur la nouvelle française*, Genève-Paris, Éditions Slatkine, 1985.

ALLUIN (B.), SUARD (F.) (Éd.), *La Nouvelle. Définitions, Trasformations*, Diffusion Presses Universitaires de Lille, 1990.

GOYET (F.), *Nouvelle et presse à la fin du XIXe siècle : quelques jalons*, « Littératures », 26, 1992, pp. 143-154.

GOYET (F.), *La Nouvelle 1870-1925*, Paris, P.U.F., 1993.

GROJONOWSKI (D.), *Lire la nouvelle*, Paris, Dunod, 1993.

Principales éditions
des *Œuvres* de Guy de Maupassant

Œuvres complètes illustrées, Paris, Ollendorff, 1898-1904, 30 vol.

Œuvres complètes, Paris, Conard, 1907-1910, 29 vol.

Œuvres complètes, Paris, Flammarion, 1921-1925, 30 vol.

Œuvres complètes, Paris, Albin Michel, 1925, 31 vol.

Œuvres complètes, édition établie par R. Dumesnil, Paris, Librairie de France, 1934-1938, 15 vol.

Contes et nouvelles, textes présentés, corrigés, classés et augmentés de pages inédites par Albert-Marie Schmidt avec la collaboration de Gérard Delaisement, Paris, Albin Michel, vol. I 1959, vol. II 1960.

Romans, texte établi et augmenté de notices introductives par Albert-Marie Schmidt, Paris, Albin Michel, 1959.

Œuvres complètes illustrées, présentées par G. Sigaux, Lausanne, Société Coopérative Éditions Rencontre, 1962, 16 vol.

Correspondance, édition établie par J. Suffel, Genève, Édito-Service, 1973.

Contes et nouvelles, Préface d'Armand Lanoux, *Introduction* de Louis Forestier, Paris, Gallimard (« La Pléiade »), texte établi et annoté par Louis Forestier, vol. 1 1974, vol. 2 1979.

Romans, édition établie par Louis Forestier, Paris, Gallimard (« La Pléiade »), 1987.

Chroniques, Préface d'Hubert Juin, Paris, UGE (« 10/18 »), 1980, 3 vol.

Principales études sur Guy de Maupassant

BRUNETIÈRE (F.), *Les nouvelles de Maupassant*, « La Revue des Deux Mondes », t. 89, 1888.

JAMES (H.), *Partial Portraits*, London, McMillan, 1888.

LUMBROSO (A.), *Souvenirs sur Maupassant*, Roma, Bocca, 1905.

MAYNIAL (É.), *La Vie et l'œuvre de Guy de Maupassant*, Paris, Mercure de France, 1906.

DUMESNIL (R.), *Guy de Maupassant*, Paris, Armand Colin, 1933.

MORAND (P.), *Vie de Guy de Maupassant*, Paris, Flammarion, 1942.

THORAVAL (J.), *L'Art de Maupassant d'après ses variantes*, Paris, Imprimerie Nationale, 1950.

DELAISEMENT (G.), *Retour à Maupassant*, « Le Bel-Ami », 2, septembre 1953.

MAYNIAL (É.), *Maupassant et l'Italie*, « Le Bel-Ami », 2, septembre 1953.

DELAISEMENT (G.), *La leçon d'un centenaire : Maupassant et la critique actuelle*, « L'Information Littéraire », 1, janvier-février 1953, pp. 6-12.

TOGEBY (K.), *L'œuvre de Maupassant*, Paris-Copenhague, Presses Universitaires-Danish Science Press, 1954.

VIAL (A.), *Maupassant et l'art du roman*, Paris, Nizet, 1954.

ARTINIAN (A.), *Pour et contre Maupassant*, Paris, Nizet, 1955.

DELAISEMENT (G.), *Maupassant journaliste et chroniqueur*, Paris, Albin Michel, 1956.

SPAZIANI (M.), *Maupassant. Gli anni di formazione,* 1875-80, Roma, De Santis, 1960.

SCHMIDT (A.-M.), *Maupassant par lui-même,* Paris, Seuil («Écrivains de toujours»), 1965.

LANOUX (A.), *Maupassant, le Bel-Ami,* Paris, Fayard, 1967.

COGNY (P.), *Maupassant, l'homme sans Dieu,* Bruxelles, La Renaissance du livre, 1968.

Guy de Maupassant, « Europe », 482, juin 1969.

JENNINGS (Ch.), *La dualité de Maupassant : son attitude envers la femme,* « Revue des Sciences Humaines », 140, 1970, pp. 559-578.

REGIS (A.), *État présent des études sur Maupassant,* « Revue des Sciences Humaines », 144, 1971, pp. 649-655.

CASTELLA (Ch.), *Structures romanesques et vision sociale chez Guy de Maupassant,* Lausanne, L'Âge d'homme, 1972.

BESNARD-COURSODON (M.), *Étude thématique et structurale de l'œuvre de Maupassant. Le Piège,* Paris, Nizet, 1973.

RICHTER (A.), *Guy de Maupassant ou le fantastique involontaire. Introduction* à G. de Maupassant, *Contes fantastiques complets,* Verviers, Marabout-Gérard, 1973, pp. 5-30.

PARIS (J.), *Le Point aveugle. Univers Parallèles II. Poésie Roman,* Paris, Seuil, 1975.

SAVINIO (A.), *Maupassant e "l'altro",* Milano, Adelphi, 1975.

SULLIVAN (E.D.), *Maupassant et la nouvelle,* « Cahiers de l'Association Internationale des Études Françaises », 27, 1975.

GREIMAS (A.J.), *Maupassant. La sémiotique du texte : exercices pratiques*, Paris, Seuil, 1976.

BANCQUART (M.-Cl.), *Maupassant conteur fantastique*, Paris, Minard, 1976.

LICARI (C.), *La main, le texte*, « Prevue », Université Paul Valéry-Montpellier III, 5, mai 1976, pp. 19-26.

BONNEFIS (Ph.), *Comme Maupassant*, Lille, Presses Universitaires de Lille, 1981.

Flaubert et Maupassant écrivains normands, Publications de l'Université de Lille, 1981.

LICARI (C.), *Le lecteur des contes de Maupassant*, « Francofonia », 3, 1982, pp. 91-103.

SCHASCH (N. A.-F.), *Guy de Maupassant et le fantastique ténébreux*, Paris, Nizet, 1986.

MARMOT RAIM (A.), *La communication non-verbale chez Maupassant*, Paris, Nizet, 1986.

RÉDA (J.) (dir.), *Album Maupassant*, Paris, Gallimard, 1987.

Maupassant miroir de la nouvelle (*Actes* du Colloque de Cerisy 27 juin-7 juillet 1986), Saint-Denis, Presses Universitaires de Vincennes, 1988.

TROYAT (H.), *Maupassant*, Paris, Flammarion, 1989.

ZANELLI QUARANTINI (F.), *Stendhal, Flaubert, Maupassant. Tre percorsi della memoria*, « Quaderni di Francofonia », 6, 1990.

Guy de Maupassant, « Europe », 772-773, août-septembre 1993.

DANGER (P.), *Pulsion et désir dans les romans et nouvelles de Guy de Maupassant*, Paris, Nizet, 1993.

HAEZEWINDT (B.P.R.), *Guy de Maupassant : de l'anecdote au conte littéraire*, Amsterdam-Atlanta, Rodopi, 1993.

FORESTIER (L.) (dir.), *Maupassant et l'écriture* (*Actes* du colloque de Fécamp 21-23 mai 1993), Paris, Nathan, 1993.

FORESTIER (L.), *Maupassant et l'impressionnisme*, catalogue de l'exposition « Maupassant et l'impressionnisme », Musée de Fécamp, 1993.

DETHLOFF (U.), *Patriarcalisme et féminisme dans l'œuvre romanesque de Maupassant*, in *Maupassant et l'écriture* cit., 1993, pp. 117-126.

GIACCHETTI (CL.), *Maupassant – Espace du roman*, Genève, Droz, 1993.

GICQUEL (A.-C.), *Maupassant, tel un météore*, Paris, Le Castor astral, 1993.

LICARI (C.), *Récit bref, récit conté, récit écouté : noir sur blanc chez Maupassant nouvelliste*, in B. Wojciechowska Bianco (Éd.), *Il « Roman Noir ». Forme e significato. Antecedenti e posterità*, Genève-Moncalieri, Slatkine-C.I.R.V.I., 1993, pp. 237-259.

BAYARD (P.), *Maupassant, juste avant Freud*, Paris, Les Éditions de Minuit, 1994.

BURY (M.), *La poétique de Maupassant*, Paris, SEDES, 1994.

LONGHI (M.G.), *Introduzione a Maupassant*, Bari, Laterza, 1994.

TORRI (A.M.), *I tempi narrativi nei "Contes de la Bécasse" di Guy de Maupassant*, « Francofonia », 26, 1994, pp. 61-74.

REBOUL (Y.) (dir.), *Maupassant multiple* (*Actes* du colloque de Toulouse 13-15 décembre 1993), Toulouse, Presses Universitaires du Mirail, 1995.

BROUARD (M.), SAVIGNEAU (J.) (dir.), « Le Monde. Dossiers & Documents littéraires », 11, avril 1996.

Filmographie

ALLOMBERT (G.), *Variations cinématographiques sur des thèmes de Maupassant*, « Images et Son », mars 1958.

DELAISEMENT (G.), *Maupassant et le cinéma*, « Technique, art, science », juin-juillet 1959.

Spécial Maupassant, « Apostrophes », A 2, 27 juillet 1979.

Maupassant à l'écran, numéro spécial de la revue CinémAction TV5, 1993.

SANTELLI (C.), *L'adaptation de Maupassant à l'écran*, in *Maupassant et l'écriture* cit., 1993, pp. 285-289.

DIZOL (J.-M.), *Maupassant de l'écrit à l'écran*, in *Maupassant multiple* cit., 1995, pp. 87-105.

ITHURRIA (É.), *Claude Santelli et Maupassant*, in *Maupassant multiple* cit., 1995, pp. 107-119.

REBOUL (Y.), « *Une partie de campagne* » *ou la question de l'auteur*, in *Maupassant multiple* cit., 1995, pp. 121-137.

PRAT (M.-H.) (dir.), *Maupassant. L'Enfant et autres histoires de famille*, Paris, Bordas, 1995, p. 201.

TABLE DES MATIÈRES

Iconographie

Notes

Notes

Notes